GIUSEPPE VERCELLI

PSICOLOGO DE LA JUVENTUS DESDE 2011

GANAR CON LA MENTE

PREPARACION DE CAMPEONES

Ganar con la mente / Giuseppe Vercelli
LIBROFUTBOL.com, 2022.

196 páginas; 15,2 x 22,9 cm.

ISBN 978-987-8943-11-4

1. Fútbol.
CDD 796.334

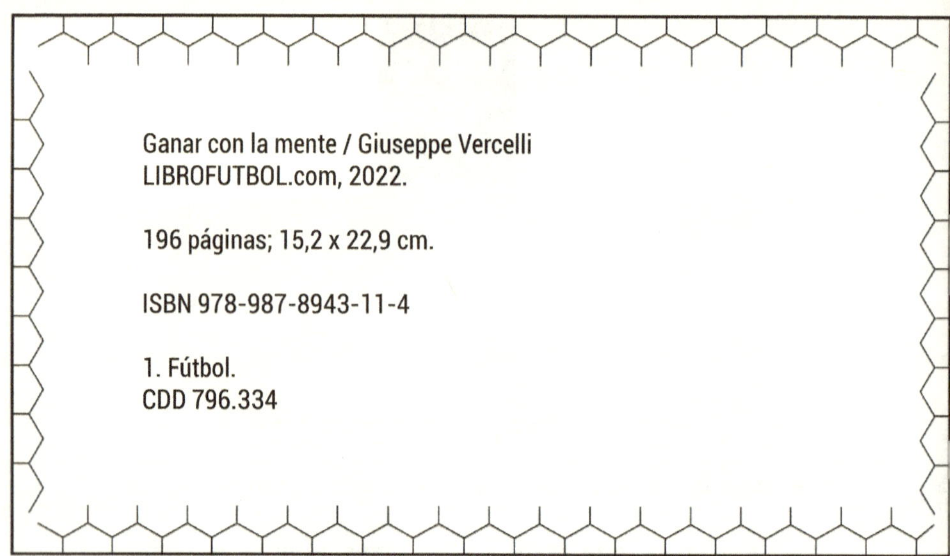

Ganar con la mente de Giuseppe Vercelli

Cubierta: Luciano Medvetkin	Traducción: Alessandro Mariani y Paloma Cañete Ramírez www.sferacoaching.es
© 2022 – Giuseppe Vercelli © 2022 – LIBROFUTBOL.com	Todos los derechos reservados

ISBN 978-987-8943-11-4	1ª edición: mayo 2022

✉ ediciones@librofutbol.com

✆ +54 9 11 2215 1982

⬚ librofutbol

Olga Cossettini 1112 - oficina 8F - Ciudad de Buenos Aires - Argentina

El estado de máximo rendimiento

nos permite experimentar

a cada uno de nosotros

una perfecta sincronía con el mundo,

con los demás, con la propia actividad,

con el momento presente,

en una fusión armoniosa

en la que lo interno se une a lo externo,

el cuerpo se une a la mente

y la realidad se une al Sueño.

ÍNDICE

PRÓLOGO

¿Quién no ha deseado alguna vez tener la mente de un campeón? Poseer una mentalidad ganadora es una capacidad a la que aspirar, una habilidad que brota de la experiencia personal y que puede ser utilizada en todos los ámbitos de la vida. Este libro nace de una constante investigación sobre los mecanismos mentales, las relaciones y la actitud ante la realidad que más favorecen el camino al éxito, tanto en el deporte como en la vida. Si bien tiene sus raíces en el pasado, en el estudio de las mejores actuaciones de campeones y profesionales del deporte, esta incesante búsqueda se dirige al presente, a los campeones de hoy día que aplican lo hallado en estos estudios y pretende formar parte del futuro del deporte, de un concepto de victoria muy personal.

Aunque es un libro para todo el mundo, está especialmente dedicado a aquellas personas que quieren intentar expresar todas sus potencialidades con humildad, pero, al mismo tiempo, con ambición, y ponerse al servicio de la genialidad y construir una esfera de poderosas y positivas relaciones fuera y dentro de sí mismas. También es un homenaje a aquellos hombres y mujeres que nos han enseñado a superar los

límites —los cuales son, en primera instancia, mentales—, tanto en el deporte como en la ciencia y la vida.

"Me he sentido como si yo mismo fuese la carrera que estaba corriendo". "Estaba inmerso de una forma tan placentera en la carrera que me parecía ser parte del entorno que me rodeaba". ¿Cuántas veces habremos podido escuchar tales afirmaciones en el deporte?

A todos nosotros nos ha sucedido alguna vez el encontrarnos tan involucrados en lo que estamos haciendo, que da la sensación de que nada más importa, que la experiencia misma que estamos viviendo es tan intensa que estaríamos dispuestos a pagar cualquier precio por el mero placer de vivirla. Puede que hayamos experimentado esa sensación después de "perdernos" dentro de una película, un libro o un tema musical; después de contemplar un espectáculo de la naturaleza, o cuando soñamos despiertos, miramos las estrellas o nos enamoramos. Durante estas experiencias, abandonamos la crítica hacia nosotros mismos y dejamos paso a la intensa sensación de que todo está en perfecta armonía con nosotros y nosotros con el todo.

La condición esencial para poder vivir estos momentos es no mediarlos por nuestro intelecto o dimensión racional. Sin embargo, aunque lo logremos, inmediatamente después de experimentarlos, nuestra mente analítica vuelve a tomar el control e intentamos clasificar lo que ha ocurrido… Y es aquí cuando empiezan los problemas.

Lo que realmente resulta de interés para cada uno de nosotros, y especialmente para quien está a punto de realizar determinado desempeño deportivo, es alcanzar un estado de conciencia que nos permita dirigir nuestra atención únicamente a nuestro objeto de interés (es decir, la competición o el entrenamiento) y poder mantenerla sobre eso. Si nos imaginamos la atención o la energía psíquica como un gran foco, podemos pensar que el rayo de luz que emite puede ser modificado a voluntad o en función de nuestras necesidades. Este rayo de atención puede ser limitado y bien focalizado, conservando toda la energía posible, o puede ser movido aleatoriamente y de manera descoordinada, desperdiciando tiempo y resultados.

Cuando el rayo de nuestra atención está totalmente focalizado en la actividad que realizamos, nos encontramos en un estado mental llamado "flujo de conciencia", "estado de *flow*" o "zona de máximo rendimiento". La tarea del preparador psicológico es ayudar al deportista a encontrar su intensidad y dirección adecuada, para así poder utilizar de la forma más eficaz su rayo de proyección en el campo de competición, lo cual dependerá de la estructura de personalidad del atleta.

Para poder desarrollar dotes mentales de absorción total en la actividad que queramos realizar, como es el caso de las competencias, es necesario, en primer lugar, fomentar la capacidad de concentración. Más concretamente, *concentrarse* significa enfocar la mente en un solo pensamiento dominante (*monoidea*) que resulta útil en ese preciso momento, y echar fuera todos los demás: la concentración es la llave maestra para acceder a la autoconciencia; es decir, el estado en el que la mente se observa a sí misma. La capacidad de concentración potencia y amplifica la eficacia de cualquier tipo de actividad.

Las propiedades terapéuticas de un adecuado entrenamiento mental van más allá de la mejora del rendimiento deportivo. De hecho, podemos encontrar beneficios más globales como la regularización de la hipertensión, la mejora del control de la ansiedad sin el uso de fármacos, el acceso a recuerdos y emociones reprimidas, el reequilibrio del metabolismo corporal, la potenciación de las defensas inmunitarias

y mucho más. Por lo tanto, este proceso de optimización del rendimiento se traduce en un incremento del sentimiento general de bienestar interior y, por supuesto, en el logro de los objetivos específicos del entrenamiento, para así poder alcanzar el máximo rendimiento posible, ya sea deportivo, empresarial o personal.

No obstante, para que la actividad que realicemos pueda producirnos un bienestar interior, esta tiene que ser compatible con nuestras capacidades. Si el rendimiento requerido es superior o inferior a nuestras capacidades, se desencadenarán dos mecanismos psicológicos muy comunes: la ansiedad o el aburrimiento. Una competición deportiva puede convertirse en lo opuesto a una fuente de bienestar si los adversarios se encuentran en niveles muy distantes: los que sientan el desafío como algo demasiado sencillo serán víctimas del aburrimiento; mientras que los que experimenten el desafío como algo imposible serán presa de la ansiedad. La zona de máximo rendimiento se encuentra exactamente en el límite entre estos dos polos opuestos.

Por otra parte, si tenemos en cuenta que las capacidades tienden a mejorar continuamente si se entrenan, también nuestra zona personal de máximo rendimiento tenderá a moverse en esta dirección, lo que nos motivará a buscar desafíos cada vez más exigentes, pero aun así asequibles.

Llegados a este punto, es muy sencillo intuir por qué son tantos los deportistas (y no hablamos solo de profesionales) que buscan tener un desempeño de un nivel alto o incluso extremo. Para que el hombre pueda alcanzar el máximo bienestar interior, inevitablemente debe rozar su propio límite, deteniéndose a disfrutar completamente de esas sensaciones que únicamente podrá experimentar alcanzando la fusión total en el desarrollo de cualquier actividad humana.

El deportista que quiere entrar en sincronía con el evento deportivo que se dispone a vivir tendrá que ser capaz de enfocar su mente en el entorno y el momento presente: la pista, los compañeros de equipo, la pelota, su posición en el espacio, los contrincantes. Paradójicamente, el futbolista que sabe interpretar mejor el partido es el que se abstiene de pensar en el resultado final: esto mismo será una consecuencia natural de todo lo positivo que se ha hecho momento a momento.

El estado de máximo rendimiento nos permite experimentar a cada uno de nosotros una perfecta sincronía con el mundo, con los demás, con la propia actividad, con el momento presente, en una fusión armoniosa en la que lo interno se une a lo externo, el cuerpo se une a la mente y la realidad se une al Sueño.

INTRODUCCIÓN

EL MÁXIMO RENDIMIENTO: UN ESTADO MENTAL POSIBLE

> *"La experiencia es la causa de un mundo que es su consecuencia".*
>
> **Heinz von Foerster**

Cuando decidí escribir este libro, le dejé un recado muy preciso a mi inconsciente, con el que dialogo desde hace muchos años. Le pedí crear el libro de psicología del deporte que me hubiera gustado leer como atleta y como profesional, basado en experiencias prácticas y rico en testimonios de atletas exitosos. Además, le pedí que estuviera redactado con un lenguaje sencillo, pero que al mismo tiempo resultase completo y eficaz en sus contenidos, y que mediante él pudiera proponer un método inmediato de aplicación y fácil de recordar, un método que fuese de utilidad tanto para atletas de alto nivel como aficionados, o quien quisiera sentirse más satisfecho en el entorno al que pertenece. También le pedí poder transmitir al lector la pasión por una disciplina todavía novedosa y a menudo incomprendida (la preparación men-

tal) y hacerlo de manera creíble, con humildad, pero también con la ambición de quien quiere transmitir un mensaje en el que cree. Finalmente, otra de las cosas que le requerí fue que en dicho libro se hiciera referencia a los competentes expertos del pasado y del presente de esta disciplina psicológica, pero sin repetir todo aquello que ya han publicado en sus numerosas obras.

Pensándolo racionalmente, todo esto me parecía una tarea compleja y difícil de realizar. Pero luego me acordé de que, a diferencia de nuestra parte racional que *busca solucionar* los problemas, el inconsciente es esa parte de nosotros que *conoce* las soluciones.

Este trabajo nace de la puesta en práctica del modelo de intervención de la psicología del deporte denominado AGS (estructuración global del atleta), que a su vez deriva de mi experiencia personal. Todos los casos aquí reflejados han sido seguidos por mí mismo. Este modelo tiene sus orígenes en la teoría constructivista y la práctica hipnótica, y está respaldado por investigaciones realizadas a alrededor de setecientos atletas profesionales y aficionados, desde el Centro de Psicología del Deporte ISEF-SUISM de Turín. Además, ha sido implementado con éxito por algunos de los mejores esquiadores de la selección italiana de esquí alpino, entre los cuales se destacan Giorgio Rocca y Lucia Recchia, así como por la formación de entrenadores de fútbol dentro del proyecto Juventus University.

En el texto aquí presente se propone una versión simplificada y fácilmente aplicable del método, para cada deportista que desee desarrollar el estado mental que favorece el máximo rendimiento. Los procesos sugeridos también son aplicables para la construcción de mecanismos mentales que influyen en el bienestar psicofísico y la obtención de resultados notables en la vida profesional y personal.

¿Qué es lo que diferencia al método aquí propuesto de los otros muchos que prometen sacar lo mejor de ti? La respuesta es simple: este método centra su atención *en la relación:* con uno mismo, con los demás, con el entorno, con los propios recursos y con todo el sistema al que pertenece la persona. No se trata, pues, de poner en práctica un conjunto de técnicas que, dentro de la ilusión supersticiosa de que existe una causa que genera un efecto, te conduzcan al estado deseado, sino de plantearse preguntas potentes que permitan monitorear constantemente el propio estado de activación y la relación entre todas las partes que componen al hombre atleta, priorizando la relación entre el cuerpo y la mente y con el ambiente externo.

Este es un libro que pone de manifiesto la importancia de la relación frente a la técnica, aunque yo describa y utilice muchas. Es un libro sobre el *proceso* y no sobre la *forma*; un libro que da prioridad a la descripción del camino que nos lleva al logro de un objetivo, en vez de limitarse a la definición abstracta de este último. Es un libro sobre la eficacia del método.

La psicología del deporte destinada al alto rendimiento proviene de una necesidad muy simple: el deseo de hacer corresponder el rendimiento potencial con el rendimiento real en el momento de la competición. La pregunta principal que los expertos de esta disciplina se hicieron fue: ¿existen o no factores que componen la *mentalidad del campeón*? La respuesta es que esta mentalidad está constituida por dos características absolutas y transversales para todos los deportes: la sistemática capacidad de transformar los límites en posibilidades y la capacidad de activarse totalmente en el momento de la competición. Sobre estas dos características construiremos nuestro proceso de optimización, el cual viene posibilitado por la utilización de mecanismos mentales que permiten el máximo nivel de relación entre lo interno y lo externo.

El modelo que adoptaremos está basado en técnicas derivadas de una estructura muy precisa, inspirada en el ciclo de Deming, y está constituido por cinco pasos que nos acompañarán dentro de la SFERA del máximo rendimiento. El acrónimo SFERA está compuesto por los términos Sincronía, Fuerza, Energía, Ritmo y Activación, los cuales serán descritos detalladamente más adelante para conocerlos y aprender a modularlos en la dirección deseada.

El objetivo principal de este trabajo es proponer un método eficaz para la construcción de una mentalidad ganadora, prestando especial atención en "simplificar todo lo simplificable, pero nada más que eso", tal y como dijo Albert Einstein en su visión personal del proceso que conduce al estado de máximo rendimiento.

CAPÍTULO 1

LA PSICOLOGÍA DEL DEPORTE EN LA PRÁCTICA

BREVE HISTORIA DE LA PSICOLOGÍA DEL DEPORTE

La creación de una nueva disciplina o de un nuevo método siempre es el fruto del trabajo de quienes en el pasado se han comprometido a mejorar aquello que, a su vez, habían recibido como herencia. Por lo tanto, conviene empezar estudiando la historia de esta disciplina para poder comprender mejor su presente.

Resumiendo a grandes rasgos, podemos diferenciar tres etapas significativas en la evolución de la psicología del deporte.

1) En sus comienzos, al principio del siglo pasado, cada novedad y desarrollo conceptual relativo a la psicología general llevaba consigo un cambio drástico para cada una de sus ramas, incluida la del deporte, en sus primeros intentos. En aquel entonces, las experiencias de la psicología aplicada seguían fielmente

la concepción causal de que el pensamiento genera el comportamiento del individuo, y se basaban en las teorías del conductismo y de sus aplicaciones, en su momento respaldadas por las investigaciones (todavía actuales) de Pávlov.

2) En los años treinta, en Estados Unidos, se realizaron estudios sobre la concepción circular de la relación entre el pensamiento y el comportamiento. Nació, así, la cibernética; una ciencia interdisciplinar que estudiaba el funcionamiento y las relaciones de cualquier sistema dinámico, ya fuese sencillo o complejo, producido por la naturaleza o por el hombre.

El término *cibernética* deriva del griego *keybernetíké,* que significa "arte del piloto"; sin embargo, el vocablo que utilizamos a día de hoy fue introducido en 1947 por el matemático estadounidense Norbert Wiener, como "el estudio del control y la comunicación en el animal y en la máquina".

En la base de esta orientación está la convicción de que muchos de los fenómenos de los que se ocupan las diversas ciencias (desde la biología hasta la economía, la física o la psicología) se fundamentan en los mismos principios de funcionamiento que gobiernan todo tipo de sistemas, más allá de la dicotomía entre natural y artificial. Estos principios se refieren, esencialmente, al control de una parte del sistema sobre otra, mediante la transmisión y la elaboración de información, con el fin de conducirla hasta un objetivo establecido y deseado.

Las máquinas de las que se ocupa la cibernética son aquellas que tienen un proceso de control y corrección de las operaciones, llamado retroalimentación o *feedback,* durante su misma ejecución. Como ciencia transversal, la cibernética utiliza como herramienta de investigación métodos de análisis y representaciones abstractas de la realidad que permiten hacer más fáciles —y, por lo tanto, aplicables en un espectro más amplio— los conocimientos provenientes de las varias disciplinas científicas.

La psicología entra en relación con la cibernética en el momento en que se ocupa de los procesos psicofísicos de recepción, análisis y elaboración de la información. Tales procesos son principalmente los cognitivos, como la *percepción*, el *lenguaje,* el *aprendizaje* y la *formación de los conceptos,* que se basan en un constante intercambio de información entre el organismo y el ambiente.

El nacimiento oficial de la psicología del deporte se remonta a 1965, año en el que, en Roma, tuvo lugar el primer Congreso internacional y fue constituida la International Society of Sport Psychology, que dio un primer desarrollo a esta disciplina mediante la creación de numerosas sociedades nacionales. En estos primeros años, tuvieron lugar numerosos estudios e investigaciones, y la atención de los profesionales se focalizó en el estudio de la personalidad del atleta, los mecanismos de percepción, la influencia del movimiento en el desarrollo de la inteligencia, las motivaciones y las emociones. En Italia, los pioneros de esta disciplina fueron Ferruccio Antonelli y Alessandro Salvini, autores de publicaciones que hoy en día son consideradas importantes y fundamentales.

3) El presente de la psicología del deporte se caracteriza por una atención cada vez mayor hacia las técnicas de optimización del rendimiento; es decir, hacia la construcción de procesos mentales que permitan hacer corresponder las potencialidades con la efectiva realización en el momento de la competición. Una contribución importantísima a su desarrollo actual viene dada por las neurociencias, rama de la ciencia extremadamente joven, puesto que nace oficialmente en 1962. A día de hoy, lo que especialmente nos interesa es desvelar los principios neurocientíficos que

permiten confirmar cómo la realidad del individuo viene construida en el interior de la mente.

Partiendo de los estudios sobre la conducta cíclica del pensamiento y comportamiento del individuo, y de las aplicaciones de la inteligencia artificial, Wiener definió el *segundo principio de la cibernética* e inauguró una nueva concepción cognitiva y perceptiva: la teoría del observador y del observado que, en síntesis, sostiene lo siguiente:

"No es posible, para cualquier sistema perceptivo (observador), en el acto de percibir, prescindir de la propia estructura interior. Cada percepción (observado) depende estrictamente de la estructura interna de quien percibe".

A su vez, las metas alcanzadas por las neurociencias nos llevan a afirmar que:

"El cerebro, en su estructura y su función, puede ser definido como un emulador de realidad. La complejidad de la estructura mental es cada vez más reproducible".

Con el término *emulación* nos referimos a la capacidad del cerebro para establecer mapas mentales que integren la representación subjetiva de la realidad con la universalmente compartida. Por este motivo, la emulación de la realidad genera creatividad. Precisamente, esta visión personal de los eventos es lo que permitirá el máximo rendimiento, siempre y cuando esté en armonía con el sistema de pertenencia de la persona.

LA NUEVA PSICOLOGÍA DEL DEPORTE

INGREDIENTES PARA CREAR UNA REALIDAD GANADORA

Para aprender a crear una realidad ganadora es necesario conocer y examinar de cerca los princípios cotidianos que nos permiten construir la realidad que percibimos a nuestro alrededor.

Para este propósito es útil adentrarse, de forma sintética y divertida, en la teoría constructivista, el enfoque psicológico, que explica que la realidad no es un *descubrimiento,* sino una *invención* de nuestra mente. Siguiendo este planteamiento, la realidad no puede ser considerada como algo objetivo, independiente del sujeto que la experimenta, en cuanto que es el mismo sujeto quien crea, construye e inventa lo que cree que existe. Siguiendo las aportaciones de sus principales exponentes (George Kelly, Ernst von Glasesfeld, Heinz von Foerster, Umberto Maturana, Francisco Varela, entre otros), los temas más importantes del constructivismo pueden ser sintetizados en:

El papel activo del individuo en la construcción del conocimiento.

- La existencia de una estructura cognitiva de base que, en cada sujeto, da una determinada forma a la experiencia.
- La visión del hombre como un sistema *autoorganizador* (autopoiético) que protege y mantiene su propia integridad.

Se pueden diferenciar dos tipos de constructivismo: el crítico y el radical.

Los *constructivistas críticos* son esencialmente "realistas"; es decir, no niegan la existencia de un mundo físico real, aunque reconocen nuestros límites a la hora de relacionarnos con él.

En cambio, los *constructivistas radicales* niegan cualquier tipo de existencia que vaya más allá de la producida por los pensamientos. Según esta corriente, el conocimiento ya no se refiere a una realidad "objetiva", sino exclusivamente al orden y a la organización de nuestra experiencia.

Afirmar que la realidad es un descubrimiento significa aceptar la idea de que esta viene dada desde el exterior, de forma objetiva, y que el ser humano utiliza sus canales perceptivos simplemente para asimilarla y elaborarla. Partiendo de estos supuestos, describimos nuestro cerebro como elaborador de la realidad.

Independientemente de cuál sea nuestra interpretación personal, en la psicología del máximo rendimiento conviene siempre concebir la realidad como una invención: esto nos garantiza una gran libertad de acción y, a su vez, nos responsabiliza de las consecuencias. Es justamente a través de esta visión que se entiende al cerebro como un *emulador de la realidad*. "El mapa no es el territorio": lo que *percibimos* como verdad no necesariamente corresponde a lo que *es* verdad. La diferencia está propiamente dada por la modalidad de emulación personal del cerebro.

El individuo en general, incluyendo al deportista, tiene un papel activo en la elección de los mapas mentales a utilizar. Nuestro conocimiento y nuestro rendimiento se basan en los modelos de interpretación que hemos adoptado en nuestra historia evolutiva personal. Como demostraron Maturana y Varela, el nuestro es un *organismo autopoiético*; es decir, que se *autoorganiza* para mantener intacta su propia identidad, a pesar de la realidad externa. Cada uno de nosotros es, al mismo tiempo, el producto y el productor de sí mismo, con el riesgo de caer a veces en autoengaños inconscientes.

Si asumimos que cada uno de nosotros puede inventar su propia realidad, ¿cómo se puede, entonces, intervenir para conseguir que esta construcción sea lo más adecuada posible al desempeño que realizamos y al ambiente en el que vivimos? La respuesta es: tomando conciencia de nuestros mecanismos mentales para poder controlarlos y modificarlos.

El modelo constructivista será difícil de aceptar, pues implica la desestructuración y reconstrucción de algunas creencias y supuestos adquiridos hasta ahora. Será necesario hacer un acto de fe hacia esta corriente, ponerse en la condición del *como si* y fingir que las cosas son de una determinada manera. Posteriormente, se podrá hacer un análisis crítico del modelo e interiorizarlo tal como es o modificarlo con las propias convicciones, teniendo en cuenta que no es el único modelo posible y que, con el tiempo, seguramente sufrirá alteraciones.

En este particular campo de la psicología aplicada puede asumirse el dicho tan sumamente verdadero de Lao-Tze: "Escucha y olvida, mira y recuerda, haz y entiende".

NEUROCIENCIAS Y CONSTRUCTIVISMO

LAS NEUROCIENCIAS

Cuando se quiere modificar algo, primero es necesario conocerlo bien desde el punto de vista funcional y estructural; solo así será posible mejorarlo. Este es el trabajo que busca hacerse con la mente del deportista y por eso resulta de utilidad detenerse un poco más en conocer la teoría.

Una mirada hacia las neurociencias puede ofrecer algunos puntos de reflexión acerca de cómo creemos percibir la realidad y cómo nuestro cerebro construye nuestras convicciones.

Las neurociencias nacen con el objetivo de indagar sobre el rol del cerebro en la determinación del comportamiento humano. Mediante los modernos sistemas de monitoreo, ha sido posible verificar hipótesis y crear programas de preparación mental específicos para cada deportista, con el fin de conocer las con-

figuraciones neurobiológicas y psicológicas reales, tanto innatas como aprendidas. El deportista es una persona con una estructura psiconeuromuscular capaz de soportar los esfuerzos más exasperantes. La neurociencia aplicada al deporte nos ayuda a investigar sobre los límites físicos y mentales.

La actividad deportiva es una actividad lúdica que utiliza la relación cuerpo-mente para la competición agonística. El ludismo y el agonismo son sus finalidades profundas y primitivas. Analizándolas, se comprende la influencia que tiene el deporte en la formación de la personalidad y en el desarrollo psicofísico de la persona. El estilo, la actitud y el movimiento del atleta se basan en lo que el lenguaje neurológico define como *personalidad psicomotora*, resultante de la contribución de todas las aptitudes perceptivas y motoras que, en su conjunto, confieren una impronta inconfundible a cada individuo en particular. En ocasiones, puede ser contraproducente imponer una forma al movimiento, ya que debería ser una expresión psicomotora espontánea, resultado del delicado equilibrio funcional entre la neocorteza y los sistemas subcorticales. Es por esto que no debe olvidarse que el movimiento, precisamente como forma psicomotora, tiene una representación mental dinámica en nuestro cerebro.

Las neurociencias estudian el sistema nervioso, analizando su composición, su estructura y su funcionamiento normal o patológico. La neuroquímica, la neurofisiología y neuropsiquiatría son algunas de las disciplinas que las conforman.

Tomando en consideración algunos de los resultados fundamentales que han hallado, e integrándolos con el desarrollo del constructivismo, se ha establecido que el cerebro tiene una estructura compleja desde el nacimiento y que posee centenares de partes que coordinan o ejecutan funciones específicas. Es posible detectar la conciencia misma de un individuo mediante la actividad cerebral, por lo que se podría considerar como el modo más simple de relacionar todas las sensaciones experimentadas, creando una imagen única y conectándolas entre sí en un único espacio. La autoconciencia y la identidad individual son las estructuras en torno a las cuales se desarrolla la vida de un deportista; por lo tanto, es indispensable tener en cuenta tal desarrollo y seguir su evolución desde el comienzo. En el primer año de vida desaparecen un porcentaje significativo de las neuronas y las sinapsis (conexiones neuronales) presentes en el nacimiento. Las que sobreviven son aquellas mayormente utilizadas, las que han recibido más estimulación. Así, la experiencia y la interacción con el mundo modelan nuestro cerebro de modo decisivo, dentro de los límites de la estructura cerebral primordial.

Piaget evidencia lo que sucede funcionalmente en el transcurso de cada experiencia que vivimos: la mente continúa intentando prever los eventos futuros, mientras que lo que ocurre realmente le indica lo que debería haber previsto. El cerebro sigue, por tanto, una regla de aprendizaje muy simple: la continua corrección de las expectativas mentales, de modo que las previsiones futuras resulten más precisas. Cuando estos parámetros están bien regulados, tenemos a nuestra disposición un modelo interno del mundo que nos rodea, es decir, una especie de mapa mental del territorio.

Pero el cerebro, de forma compatible con su estructura, es plástico; funciona como un único evento funcional, la conciencia. Si nos preguntamos cuántas neuronas se dedican a la vista, al oído o el tacto, descubriremos que son muy pocas. De hecho, la mayoría de las neuronas no se ocupan del mundo exterior. Son estas y otras consideraciones las que nos hacen considerar que el cerebro es un sistema cerrado, autopolético (productor y producto de sí mismo simultáneamente), un emulador que genera una realidad

de la cual verifica su fiabilidad a través de las sensaciones. Cada ocasión de aprendizaje implica una modificación de ese sistema mediante el aumento de las conexiones utilizadas y la pérdida de las no utilizadas. Las diferencias genéticas determinan solo una parte de la estructura del cerebro: el ambiente y las interacciones personales también contribuyen al desarrollo específico de cada individuo.

Tal y como indican los estudios más recientes de Ernest L. Rossi sobre la activación genética, el estado psicofísico y las conexiones neuronales del individuo sufren cambios cada vez que intervienen una o más de las siguientes condiciones: la novedad, el enriquecimiento, el ejercicio. Cada vez que se estimulan las imágenes mentales que involucran estos procesos, se interviene directamente en la estructura mental.

Durante mucho tiempo se ha creído que estos mapas presentes en el cerebro (mapas de la superficie corporal, de la piel, de la retina, de los músculos) eran innatos y estables. Hoy se sabe que son dinámicos. Esto significa que, por ejemplo, cuando se está tocando el piano y se está practicando, la representación de las manos irá expandiéndose en el cerebro a costa de la de otras regiones.

Analizando en detalle lo que el cerebro estructura y construye a través del lenguaje, descubrimos que la mayoría de los pensamientos resultan ser inconscientes y automáticos. Dado que el pensamiento es mayormente inconsciente y sin control, ocurre que, cuando tomamos decisiones, a menudo no somos capaces de elegir conscientemente qué mapa de nuestra representación mental es mejor utilizar. Generalmente, pensamos y tomamos decisiones utilizando la primera interpretación que aparece en nuestra consciencia, que a menudo es el resultado de nuestras expectativas y prejuicios. El deporte, en particular, expresa una buena metáfora existencial para las personas, tanto en la fase del desarrollo como en la del mantenimiento de la identidad personal. Podemos y debemos creer en nuestras metáforas, sobre todo cuando nos permiten funcionar bien.

Al representar a una persona a través de los conceptos de la neurociencia, es posible observar que la mente y el cuerpo no están para nada separados. Los conceptos tienen un fundamento corporal y sus raíces se encuentran en nuestra experiencia perceptiva y motora. Nuestra mente nunca puede superar los límites de la experiencia. Esta es de naturaleza corpórea y la mayoría de los mecanismos de razonamiento no son conscientes ni intencionales. Las personas no poseemos visiones coherentes y compactas del mundo, y lo que nosotros llamamos *conocimiento* a veces se alimenta de sus propios límites, sin que lo sepamos.

La percepción de las cosas externas (el campo de juego, los adversarios y los compañeros de equipo) no es una representación pasiva de la realidad, sino una consecuencia del trabajo de construcción de nuestro cerebro. El campo de la experiencia cognitiva dice que es necesario *ver para creer*, pero nuestra mente no es capaz de hacer eso. La mente, generada por la relación entre el cerebro, los órganos sensoriales y la realidad observada, necesita creer para poder acercarse a la experiencia. Solo si se comprende lo que se ve, se puede percibir.

Todo esto lo podemos afirmar gracias al trabajo de la neurofisiología y la neuroanatomía hecho por dos científicos chilenos, Humberto Maturana y Sammy Frenk. Mediante su investigación de las vías auditivas, demostraron la existencia de fibras centrífugas que, partiendo de la región central del cerebro hacia la retina, se distribuyen a lo largo de esta última y son capaces de ejercer un control sobre lo que ve. Por tanto, la retina está sujeta al control de nuestro sistema nervioso central: ¡es por eso que hay que creer para ver!

En su libro *Las enseñanzas de Don Juan,* Carlos Castaneda se dirige a Don Juan, el Maestro, para "apren-

der los secretos de lo que ocurre en la inmensidad de los bosques". Don Juan le dice:"¿Ves eso? ¡Mira aquí!", pero Castaneda no ve nada, suscitando la desesperación de Don Juan, que desea fuertemente enseñarle a ver. Finalmente, el Maestro encuentra una solución: "Ahora entiendo cuál es tu problema. Puedes ver solo lo que puedes explicar. Olvídate de las explicaciones, ¡y verás!". Aunque resulte difícil de creer, los límites de nuestra percepción son de origen psicológico y están vinculados con nuestras suposiciones previas.

LOS PRINCIPIOS DEL CONSTRUCTIVISMO

Pongámonos ahora en el punto de vista de un atleta que, a estas alturas, con razón, se preguntará:"¿Cómo puedo aprender a modificar mi percepción de la realidad para sacar provecho de ella?".

Una primera respuesta proviene del análisis de algunos de los principios constructivistas. Para ello, nos puede ser de utilidad un pequeño esquema que compare el enfoque clásico con el constructivista y que nos permita resumir y sistematizar lo dicho hasta ahora.

ENFOQUE CLÁSICO	ENFOQUE CONSTRUCTIVISTA
La realidad es un descubrimiento.	La realidad es una invención.
El mundo es la causa detonante de la experiencia.	La experiencia personal es la causa primera de la realidad.
Sujeto como observador	Sujeto como actor
Los eventos existen independientemente de nosotros.	Participamos activamente en la construcción de los eventos.

Los eventos pueden ser descritos de manera objetiva.	Los eventos son una construcción subjetiva.
Sujeto desresponsabilizado	Máxima responsabilidad subjetiva
"Es tal y como te lo digo yo". "Te lo he contado tal y como es".	"Esto es lo que yo creo". "Te lo he contado tal y como lo he interpretado".

Primer principio. *El estado mental define la realidad del individuo. Es un dinamismo psíquico caracterizado por una correspondencia y un equilibrio entre un evento externo y una adecuada elaboración interna; es decir, entre sensaciones y pensamientos.*

Nuestra percepción de la realidad está estrictamente relacionada con el estado mental del momento, puede cambiar de manera extremadamente rápida y es una consecuencia de nuestra actitud. El mismo fenómeno se puede observar con ojos diferentes dependiendo de cómo resuene dentro de nosotros. Si estamos en paz con nosotros mismos, tenderemos a ser tolerantes hacia lo externo; si, en cambio, estamos enfadados intentaremos, aunque inconscientemente, "elegir" de la realidad aquellas situaciones que nos permitan desahogar nuestra rabia.

Para simplificar la definición de *estado mental*, podemos considerar este ejemplo: el conjunto de los estados mentales que pertenecen a cada uno de nosotros puede ser representado como un edificio, compuesto por diferentes apartamentos y habitaciones. En cada habitación hay un mobiliario adecuado para su función. Cuando cambiamos de habitación, así como de estado mental, nos encontramos con un

mobiliario diferente y con instrumentos nuevos, con mayor o menor iluminación, con más o menos espacio disponible. Por lo tanto, cada habitación tiene características propias y únicas, al igual que los estados de nuestra mente.

A este primer principio le siguen algunos corolarios que nos ayudan a comprender mejor cómo construimos nuestra representación mental:

1. *El conocimiento obliga, como acto de distinción que hay que recordar.*
2. *La experiencia es la causa y el mundo es la consecuencia.*
3. *La causalidad lineal es la superstición más grande.*

Examinémoslos uno a uno.

1. Ingenuamente, siempre hemos pensado que el conocimiento nos hace libres, pero esta libertad depende de haber hecho conscientemente una distinción (que probablemente permanecerá en nosotros mucho tiempo o incluso para siempre). El mundo no existe sino a través de los ojos de quien mira, y por eso la realidad solo puede ser una construcción subjetiva de cada individuo.

2. Se trata de un concepto estrechamente relacionado con la responsabilidad individual. Nuestro conocimiento del mundo está determinado por el tipo de experiencias que hemos vivido. Solo podemos comprender una experiencia y compartirla con los demás después de haberla vivido. Para explicarlo mejor, tomemos un ejemplo clásico de nuestro día a día. Los amigos capaces de dar los mejores consejos respecto a un problema suelen ser aquellos que han vivido en primera persona una situación similar, que han participado en esa experiencia y son, por lo tanto, capaces de conocer muy bien esa realidad. Otro ejemplo son

los comentarios televisivos de las carreras de esquí: si el comentador es un exesquiador profesional, será capaz de detectar con gran precisión la eficacia de un gesto particular, evidenciando diferencias entre atletas que, a los ojos de un espectador inexperto, esquían de la misma manera. Los mejores entrenadores suelen ser aquellos que, a su vez, han sido profesionales.

3. Según la teoría del desarrollo de Jean Piaget, las personas aprendemos el concepto de causalidad lineal durante el período sensoriomotor, que se manifiesta en los dos primeros años de vida. Por tanto, crecemos con la firme convicción de que una acción puede generar de forma directa una reacción. Este es el mismo supuesto sobre el cual se fundamenta el denominado *pensamiento clásico*, según el que todos los eventos han sido generados por una causa lógica. El principio causa-efecto nos obliga a encadenar los diversos eventos que nos ocurren de forma consecuencial y lineal. Una vez efectuada la asociación, esta se convierte en la única manera posible de interpretar el evento. En cambio, según la lógica constructivista, el principio de causa-efecto es simplemente una *superstición*, pues la conexión lineal entre dos eventos no es demostrable de manera tan sencilla.

Analicemos un ejemplo que nos puede ayudar a entender mejor lo expresado hasta aquí. Según su propia estructura mental, las personas reaccionan de manera diferente ante los traumas emocionales (por ejemplo, el que sucede a una grave lesión deportiva). Consideremos dos tipos de personalidad:

- *La personalidad de tipo A:* suele activarse psicofisiológicamente (ansiedad, miedo, dolor, etc.) de forma inmediata justo después del *shock*, y suele superar el trauma de forma muy rápida.
- *La personalidad de tipo B:* suele mantener un perfecto control en el momento del *shock*, retra-

sando la activación emocional a un período posterior al trauma. Para estas personas es posible que la reacción emocional ocurra hasta mucho tiempo después, en un momento totalmente casual y desconectado al evento traumático. En el momento en que el sujeto experimenta emocionalmente la reacción negativa al trauma, puede asociar esa emoción a un evento contingente (por ejemplo, una pequeña disputa familiar), aunque no sea la verdadera causa de su malestar. El sujeto, sin embargo, según el principio de causa-efecto, se quedará convencido de que la reacción emocional negativa fue la lógica consecuencia de la pelea vivida poco antes.

> **Segundo principio.** *La autoconciencia del Yo (identidad) se estructura en un recorrido que va desde una percepción indiferenciada hacia una diferenciada, marcando un límite cada vez mayor entre uno mismo y los demás.*

Esto significa que, durante su desarrollo, el ser humano pasa por diferentes etapas que podemos esquematizar de la siguiente manera:

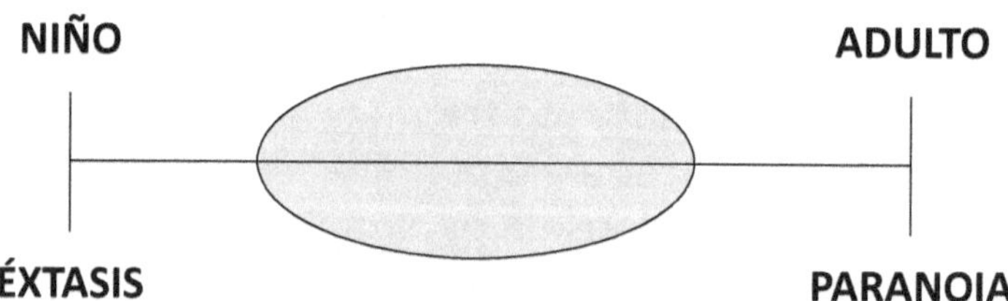

Al inicio, cuando nacemos, no hay diferencia entre nosotros y el mundo exterior. Es decir, estamos en una condición de éxtasis, de fusión total, en un estado indiferenciado respecto al todo.

A medida que crecemos y nos desarrollamos, aprendemos a hacer distinciones que nos van diferenciando cada vez más del resto de las personas. De esta manera, se define nuestro carácter y se crean los mapas mentales personales de interpretación de la realidad. Si este proceso continúa creando cada vez más barreras entre nosotros y los demás, puede incluso desembocar en una patología: la paranoia. El éxtasis y la paranoia son los dos extremos de un estado mental similar, pero opuesto. La mayoría de las personas se posiciona en un espacio central que fluctúa entre aquellos que saben desactivar su propia crítica, acercándose a un estado más similar al éxtasis, y quienes utilizan la crítica en exceso, moviéndose hacia la paranoia.

El deportista de élite será, necesariamente, aquel que sepa modular su propia crítica con el fin de alcanzar una mayor fusión con la experiencia en la que se encuentra.

> **Tercer principio.** *La experiencia de relación entre las personas oscila entre el ser guía y el ser guiado.*

Esta afirmación nos enseña cómo se debe entender una relación sana. En las relaciones interpersonales, como si se tratara de una danza perfecta, deben existir momentos de alternancia en los que uno pueda convertirse en protagonista del momento, conduciendo al otro hacia una meta, o ser, a su vez, un simple acompañante. Saber oscilar es la esencia de la relación. Si nos dejamos guiar, sabiéndolo y aceptándolo, nos daremos cuenta de que todo fluye de la mejor forma posible y podremos experimentar sensaciones de gran intensidad y belleza.

El enamoramiento es un claro ejemplo de este proceso. Cuando nos enamoramos, nos fundimos con el

otro, creando un único núcleo afectivo donde deja de estar claro quién está guiando la relación y quién, por el contrario, se está dejando guiar. Solo posteriormente, cuando el enamoramiento disminuye, las personas vuelven a un estado mental de recíproca diferenciación, poco dispuestas a dejarse guiar y a permanecer en una condición de intercambio, aumentando la crítica y haciendo que la magia de la fusión tienda a desaparecer, dejando espacio a una nueva situación emocional.

La condición de éxtasis nos permite introducir la cuestión del *trance hipnótico*.

Uno de los más conocidos psicoterapeutas e hipnotistas de todos los tiempos, el americano Milton Erickson, afirmó que "la hipnosis no existe; todo es hipnosis". Esta paradoja contiene una gran verdad: cualquier experiencia de relación eficaz y productiva genera en los sujetos un estado de conciencia particular que podemos definir como *hipnosis*. A menudo, relacionándonos con los demás y permitiéndoles que nos guíen, entramos inconscientemente en un estado de *trance* en el cual logramos dar lo mejor de nosotros mismos. En consecuencia, cada experiencia relacional que vivimos, cuando es intensa y consciente, puede ser una *experiencia hipnótica*. Dicho esto, la idea que los inexpertos tienen sobre la hipnosis no existe.

El estado de trance hipnótico es especialmente útil para la optimización del rendimiento. La hipnosis puede ser definida como *un estado de conciencia alternativo a la vigilia* (al igual que el estado de sueño onírico) *en el que se realiza la máxima activación del potencial mental del individuo*. De hecho, en la raíz de este fenómeno encontramos una extraordinaria conexión mente-cuerpo, justo el objetivo que el deportista de élite pretende conseguir. En el estado de trance hipnótico es posible activar mecanismos ideosensoriales e ideomotores a través de los cuales el deportista tiende a realizar lo que piensa, activando áreas concretas de la corteza motora. Justamente, por esta razón es que el entrenamiento de la técnica a través de la visualización es altamente eficaz. Los estudios realizados por la neurociencia han demostrado que, en un músico profesional, el mero acto de reproducir mentalmente la partitura, conlleva la activación de las mismas áreas cerebrales que se activarían tocando el instrumento. De hecho, en este caso en el que la técnica es sumamente adquirida, hay una insignificante diferencia entre pensamiento y acción, siendo esto un claro ejemplo de la máxima expresión del mecanismo ideo-motor. A menudo, cuando se describe el estado mental de un campeón, escuchamos frases como "está en un estado de trance agonístico", que básicamente significa que el atleta tiene una conciencia tan fuerte de sí mismo dentro de la unión mente-cuerpo, que todo lo exterior pierde importancia. Todos nosotros entramos diariamente en un estado de trance definido como *naturalístico* (que veremos en la sección dedicada al ritmo). Este *trance naturalístico* es necesario para nuestro equilibrio y bienestar. Sin él, simplemente no podríamos existir.

Por lo tanto, la hipnosis debería ser definida como patrimonio de la humanidad, como un estado de conciencia caracterizado por cumplir dos funciones esenciales: la comunicación entre mente, cuerpo y las distintas representaciones de los mapas mentales (veremos la utilización de metáforas para este fin), y la amplificación. El estado de trance es un poderoso amplificador de los recursos internos, que actúa a través de la activación del potencial mental del individuo. Un perfecto ejemplo de su uso son las proezas extremas de las que ha sido capaz el hombre usando su fuerza interior.

> **Cuarto principio.** *El cambio ocurre a través de la disminución de la crítica, lo que genera el regreso hacia un estado mayormente indiferenciado.*

Mejorar significa cambiar continuamente. Para que esto sea posible es necesario volver un poco hacia la condición de éxtasis, para ver las mismas cosas con diferentes ojos, con una mirada más aguda hacia el máximo rendimiento.

Pero… ¿cuáles son los mecanismos que permiten ese estado más indiferenciado? Traten de pensar en algún momento de sus vidas en el que hayan afrontado un cambio importante. Seguramente, si recuerdan bien, antes de poner en marcha la acción que ha determinado el cambio, han vivido un período de confusión más o menos intenso. Cualquier cambio conlleva un momento previo de confusión en el que el sujeto pierde sus propios puntos de referencia. Todo eso que parecía cierto se hace confuso, inestable o poco definido. Solo en esta condición es posible crear nuevos esquemas mentales, nuevas referencias, nuevas creencias, pues la confusión ha permitido poner en crisis los antiguos sistemas. Si esto no ocurriese, no sería posible ningún cambio, porque percibiríamos todo en función de los antiguos esquemas, que se volverían incuestionables y cada vez más esenciales.

Así que, si aceptamos que a cada cambio le antecede un período de confusión, podemos también sostener el hecho de que generar voluntariamente un estado de confusión permite a las personas entrar en un estado mental particular en el que bajan las defensas y se es más propenso a modificar esquemas preexistentes.

Para comprender los mecanismos de cambio nos resulta de utilidad recordar una afirmación del conocido constructivista, G.A. Kelly: "Estamos psicológicamente orientados por la manera en la que canalizamos los eventos". Esta frase se puede traducir como: "Somos los mejores profetas de nosotros mismos". Estudiemos un ejemplo: si una persona se imagina el encuentro con su pareja como un momento crítico en el que piensa que va a sufrir una escena de celos, probablemente comenzará a prepararse para la posibilidad de que ocurra una discusión y su estado de ánimo no será abierto y dispuesto, sino orientado a prevenir el estallido de una crisis. En el momento del encuentro, su pareja percibirá su actitud cerrada, por lo que reaccionará en consecuencia y, sintiéndose atacada, empezará a discutir animadamente. Una vez terminada la discusión, el sujeto volverá a su casa repitiéndose:"¡Sabía que nos íbamos a pelear!". Lo que nosotros pensamos sobre el futuro guía nuestro comportamiento, tanto en positivo como en negativo, y determina el transcurso de las situaciones.

En el mundo del deporte, este principio psicológico se conoce como *efecto pigmalión*: el entrenador que cree que su atleta es bueno y tiene madera de campeón tenderá a ver cumplida su profecía, coherente con la etiqueta más o menos acertada que le puso inicialmente. Obviamente, también es cierto que sucede lo contrario: la *profecía autocumplida* ejemplifica cómo es posible construir una realidad propia y ajena con la mirada apasionada de quien está rebosante de expectativas.

El estado de confusión, es decir, el abandono de los prejuicios, es también un estado en el cual no podemos prever los eventos y que nos permite permanecer abiertos a todas las situaciones posibles. En cambio, *ser profetas de nosotros mismos* es un arma de doble filo, ya que también implica no abandonar nunca nuestros prejuicios.

> **Quinto principio.** *A menudo, la solución constituye al problema, forzándonos a permanecer en un estado mental en el cual deja de haber congruencia entre la interpretación interna y el evento externo. A continuación, presentamos los corolarios de este principio:*

- El desequilibrio entre asimilación y acomodación genera la patología.
- La creación de una estructura de conexión genera solución y cambio a través de la reinterpretación de las relaciones.

Este último punto es muy importante. El hecho de que la solución constituya el problema es un principio que debemos a la Escuela de Palo Alto y a su mayor representante, Paul Watzlawizk.

Muy a menudo, las personas crean problemas donde en realidad no los hay y los varios intentos por solucionar estos problemas inexistentes no hacen más que amplificar la sensación de dificultad.

Consideremos el ejemplo de dos marineros intentando variar la dirección de un velero, sin que el uno se dé cuenta de las maniobras del otro, y sin comprender que el barco iría derecho independientemente de sus respectivas maniobras. Las falsas soluciones no solo son ineficaces, sino que a menudo son peores, algo así como utilizar mapas disfuncionales de interpretación de la realidad.

Examinemos ahora el primer corolario. Para comprender los conceptos de *asimilación* y de *acomodación* debemos hacer, de nuevo, referencia a la teoría de Piaget.

Cuando una persona encuentra algo nuevo que no encaja bien con lo que ya conoce, tiende a examinar esta nueva experiencia con base en lo ya disponible en su bagaje de conocimiento personal. En este caso, el aprendizaje requiere que el estímulo nuevo venga integrado con lo ya conocido, para que resulte congruente con los conocimientos preexistentes.

Sin embargo, a veces nos topamos con situaciones tan diferentes a las conocidas que no podemos asimilarlas o integrarlas. Estos momentos son raros en la vida adulta, pero a lo largo de nuestro período de crecimiento se van transformando en algo cotidiano. Y, cuando se presentan estas ocasiones, tenemos dos opciones: ignorar los hechos o cambiar nuestra forma de ver las cosas. En este último caso, efectuamos una operación llamada *acomodación*, es decir, adaptamos lo que ya conocemos al nuevo estímulo.

La capacidad de alternar mecanismos de asimilación y acomodación constituye la base de una buena capacidad de adaptación a las circunstancias dadas y es indicador de "salud" y "normalidad" psicológica. De hecho, cuando se activan mecanismos psicopatológicos, las personas pierden parte de su capacidad de adaptación y persisten dentro de esquemas rígidos y forzados, dejando de utilizar de manera apropiada los mecanismos mencionados.

Para concluir el discurso sobre el constructivismo, podemos tomar prestada una célebre anécdota de uno de los exponentes de mayor relevancia de este enfoque, Heinz von Foerster. Una vez, una periodista le preguntó qué era la realidad y él contestó con la siguiente historia:

Un mullah estaba cabalgando en el desierto cuando, al lado de una manada de camellos, se encontró con tres hermanos desesperados. El mullah se detuvo y les preguntó qué era lo que les afligía.

Los hermanos respondieron que su padre, recién fallecido, les había dejado como herencia diecisiete camellos para repartírselos de la siguiente manera: el

primogénito tendría la mitad, el segundo un tercio y el último un noveno. Los hermanos no podían resolver este problema por el simple hecho de que los camellos no podían ser cortados a trozos, pero el mullah les dijo que los ayudaría con su inmensa sabiduría.

Bajó de su camello y lo juntó con los diecisiete de los tres hermanos, formando así un grupo de dieciocho camellos. Según las reparticiones dadas por el padre, entregó al primer hijo 9 camellos (la mitad), al segundo 6 (un tercio) y al último 2 (un noveno). 9+6+2 = 17.

Llegado este punto, cogió su camello y se fue.

Con este cuento, von Foerster define la realidad como un truco de magia en el que todo puede cambiar si el observador se posiciona fuera del sistema mismo (posición meta). Eso que poco antes parecía algo imposible pudo cambiar y convertirse en algo extremadamente sencillo, al salir de los esquemas mentales preestablecidos.

¿Y si esta nueva visión resulta demasiado difícil de aceptar?

Adentrémonos en el reino del *como si y* dejémonos cautivar por lo que nos enseña un maestro del entrenamiento mental y de la transformación de la realidad, el decano de los hipnotistas americanos, Ormond McGill, quien afirma que "si quieres cambiar, debes empezar fingiendo que es así. Esto facilitará tu imaginación, lo que generará conciencia y te llevará a estar en el centro de tu nueva realidad".

Finalmente, aquí tenemos una interesante comparación entre las cualidades específicas de nuestra mente consciente y de nuestro inconsciente desde la visión constructivista, que considera a este último como un poderoso aliado.

Mente consciente	Mente inconsciente
Puede elaborar entre 5 y 9 unidades de información a la vez.	Puede elaborar hasta 2 300 000 unidades de información a la vez.
Pensamiento secuencial	Pensamiento simultáneo
Lógica	Intuición y asociación
Lineal (causa-efecto)	Cibernética (arte del control)
Pensamiento (experiencia secundaria)	Sensación (experiencia primaria)
Vigilia	Sueño profundo, sueño REM, trance
Movimientos voluntarios	Movimientos involuntarios
Conciencia del presente	Memoria histórica
Comunicación verbal	Comunicación no verbal
Análisis	Síntesis
Trata de solucionar los problemas.	Conoce las soluciones.
Elabora la información aproximadamente medio segundo después del evento.	Elabora la información en tiempo real, antes de que el evento se haga consciente.

LOS MECANISMOS MENTALES

Un atleta que quiera optimizar su propio rendimiento debe conocer y saber utilizar de manera eficaz sus propios mecanismos mentales; es decir, adoptar un método que, bien aplicado, le permita acercarse lo más que pueda al estado de máximo rendimiento. Adoptar un método significa pensar y actuar de modo coherente, construyendo un procedimiento que mantenga el rumbo hacia el objetivo deseado. Poseer un método nos permite tener gran claridad sobre el recorrido mental a afrontar y saber, en cada momento, lo que resulta útil y lo que no para nuestro fin.

La *pasión* es la mejor motivación para poder realizar al máximo la propia actividad; es el motor que alimenta los entrenamientos, el compromiso y el deseo de competir. Sin embargo, en la carrera competitiva de un atleta, puede ocurrir que la pasión atraviese momentos críticos y se desvanezca. En este caso, es la fuerza de voluntad la que alimenta la dedicación hacia el deporte. La adquisición de mecanismos mentales favorece un potenciamiento de la fuerza de voluntad y permite su reconversión en pasión, activando al atleta con el justo equilibrio psicofísico.

La eficacia del uso de los mecanismos mentales ha sido demostrada por la psicología del trabajo en las organizaciones empresariales. De hecho, se ha visto que grupos de trabajo que comparten el mismo mecanismo mental logran alcanzar objetivos más prestigiosos respecto a grupos que no trabajan con este procedimiento.

Transportémonos por un momento al Oriente y veamos ahora tres mecanismos fundamentales para la construcción de la mentalidad del campeón.

En 1984, Imai Masaaki, un economista japonés, llevó a Occidente la filosofía del *Kaizen* (o de la "mejora continua"), típica del pensamiento zen. La palabra *kaizen* es un concepto japonés que se compone de dos términos, *kai* (camino) y *zen* (sabiduría), significando, pues, el camino hacia la sabiduría. Esta filosofía considera que el pasado es fundamental para la construcción del futuro, en un proceso en el que se potencia las áreas de mejora anteriormente identificadas. Además, se basa en la convicción de que cada esfuerzo del ser humano, por mucho que fracase, le permite un crecimiento o un cambio de estrategia. A su vez, algunos expertos traducen el término *kai* como *cambio* y *zen* como *el bueno* o *el mejor*.

Aplicar esta filosofía, a menudo, significa cambiar la propia estrategia o forma de pensar para así poder mejorar incesantemente. El *kaizen*, en la visión oriental, interpreta de modo ecológico la búsqueda de los límites que cada atleta experimenta en su práctica deportiva. Podemos decir que todos nosotros, aunque no seamos atletas, tenemos curiosidad por conocer hasta dónde podemos llegar respecto a una determinada acción o un objetivo personal o profesional. Tratar de superar nuestros propios límites y mejorar continuamente es una exigencia normal y fisiológica del ser humano.

A menudo, en la sociedad occidental, la natural búsqueda de los límites se ha degenerado hacia el exceso, sustituyendo el sano principio del *kaizen* por una filosofía más cercana a la del *kamikaze*.

El proceso base de la mejora continua del *kaizen* se realiza a través de pequeños pasos y se puede representar con la metáfora de una escalera, en la cual se puede subir de manera lenta y gradual. A cada paso corresponde una pequeña mejora. Recorriendo la escalera hasta la cima se alcanza el estado deseado de excelencia respecto al objetivo propuesto. Aquellos que adoptan esta filosofía de vida no paran nunca de subir la escalera, porque siempre encuentran un empuje para mejorar y, por ello, una posibilidad de crecimiento. Un antiguo dicho, especialmente válido para esta filosofía, nos sugiere que "mientras se tenga un problema, se tiene un tesoro". Es decir, mientras se esté frente a un obstáculo, se puede intentar superarlo; y quien, por el contrario, cree haber alcanzado la perfección, pierde la posibilidad de mejorar y de crecer.

Otro mecanismo mental dirigido hacia la mejora es el *kairyo* o "mejoramiento por innovación". Si en el *kaizen* la mejora viene a través de pequeños pasos, en el *kairyo* viene de modo repentino y extremadamente visible, con una evolución basada en la innovación. Aquellos que utilizan el *kairyo* son, generalmente, personas creativas que funcionan por *insight*. Para tener un ejemplo de este mecanismo mental, basta con pensar en los grandes científicos de la historia y sus descubrimientos, muchos de los cuales han surgido de forma imprevista y han cambiado el curso de la historia.

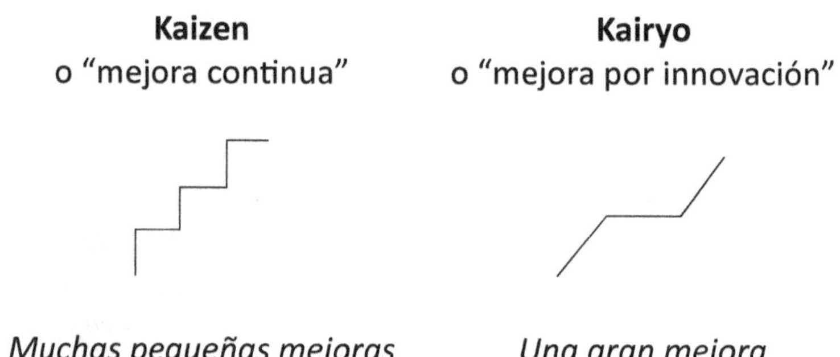

El mecanismo mental que utilizaremos en nuestro método tiene su origen en los estudios del economista americano Edward Deming, quien, en el siglo pasado, se pasó ciertos períodos en Japón para estudiar el modelo de la calidad total y los mecanismos mentales exportables y aplicables al mundo empresarial occidental. Este personaje y autor es conocido hoy día por haber identificado un proceso que lleva su nombre y que constituye la columna vertebral del modelo AGS, la estructuración global del atleta.

El ciclo PDCA o rueda de Deming es el proceso base del mejoramiento continuo y se compone de cuatro fases:

- **PLAN**: planifica. Esta fase de análisis es fundamental para "fotografiar" la situación y tener bien claro el territorio sobre el que trabajaremos.
- **DO:** haz aquello que has decidido en la fase anterior. Por lo tanto, significa estructurar un plan de acción o proceso de optimización que tenga en consideración los datos obtenidos del análisis. Esta fase tiene como objetivo el cambio.
- **CHECK:** verifica los resultados obtenidos y su coherencia con los objetivos fijados en la fase de análisis.
- **ACT:** decide si mantener o corregir los resultados obtenidos, consolidándolos.

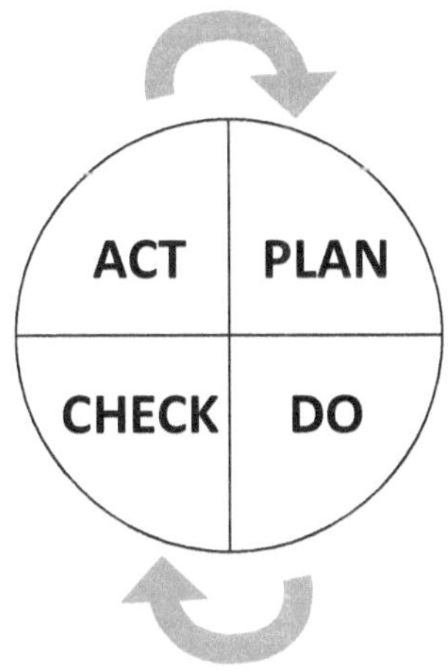

En esta figura está representada la rueda de Deming o ciclo PDCA.

Cada una de estas fases puede ser subdividida en otras que estructuran en detalle todos los pasos que deben seguirse.

En la fase *plan*, el primer paso es identificar el problema mediante el análisis y la observación, aislando las causas reales y comenzando a definir las medidas necesarias para mejorar.

La fase *do* proporciona una preparación o diseño inicial del proceso de optimización y aporta una definición de los instrumentos que serán utilizados antes de pasar a la acción.

La verificación de los resultados y la comparación con los objetivos iniciales son los dos pasos fundamentales para la fase *check*; mientras que en la fase *act* se establece la estandarización y la consolidación de los resultados. Una vez terminado el giro de la rueda, se puede empezar nuevamente desde la fase *plan*.

Otro mecanismo mental importante, y particularmente útil en la fase de mantenimiento, es el llamado *warusa-kagen*, expresión japonesa que hace referencia a cosas que aún no representan ningún problema, pero que pueden serlo en la fase inicial. En otras palabras, son señales débiles que, si se desatienden, pueden convertirse en verdaderos problemas. Tanto el deportista que quiera obtener lo mejor de sí mismo como el buen manager deben desarrollar la capacidad de captar estas señales imperceptibles, para así convertirse en el primer responsable del mantenimiento y de la mejora de los resultados alcanzados.

Veamos entonces cómo aprender a construir los mecanismos más útiles para el máximo rendimiento del atleta.

LA IMPORTANCIA PRINCIPAL DE LA RELACIÓN

La *relación* es la unión o vínculo que existe entre dos o más cosas; es el estrecho nexo que existe entre conceptos, hechos, fenómenos o entidades, cada uno de los cuales reclama estrechamente al otro. Ejemplos de ello son la relación entre cuerpo y mente o con nosotros mismos y con los demás. ¿Pero por qué es tan importante?

Como dice James Hillman en su estudio sobre la genialidad, la relación permite hacer visible lo invisible y aumentar nuestra conciencia. Por ejemplo, cuando nos miramos al espejo solo tenemos una verdad a medias: solo podemos vernos la cara y nunca la nuca.

Cultivar las relaciones supone compromiso y esfuerzo. En un mundo que tiende a llevarnos cada vez más rápido hacia una tecnologización de las relaciones, muchas veces conviene frenar para encontrar el ritmo correcto en la alternancia de ser guía o ser guiado. Además, cada relación siempre está influenciada por la descripción de las cosas y las personas implicadas; es decir, cada relación depende del lenguaje. Sin embargo, como hemos visto, esto último crea autoengaños en la mente de aquel que lo usa, no pudiendo salir de una visión limitante del problema. Entonces, la única manera de salir es conseguir ponerse en la metaposición, es decir, en la posición de observadores propia.

LA FILOSOFÍA DEL "NO MORE PROBLEM": EL VALOR AÑADIDO DE LA RELACIÓN

Durante muchos años he formado parte de un club de ilusionistas de Turín y mi especialidad eran los juegos de cartas y monedas; dediqué mucho tiempo a desarrollar técnicas para impresionar al público en cualquier posible actuación. En el programa de intercambio entre clubes internacionales, dentro del círculo, conseguimos organizar una noche teniendo como invitado a uno de los mejores ilusionistas americanos, especialista en la manipulación de cartas. La noche fue asombrosa y embriagadora. Esta secuencia de emociones tuvo a todos los miembros del círculo en un estado de absoluto trance por el continuo estupor de cosas inesperadas. Al final del espectáculo, con algo de respeto, le pregunté al artista cuál era su secreto. La respuesta que me dio me impactó y me hizo reflexionar una vez más sobre la dirección a seguir para alcanzar el máximo rendimiento: "Mi secreto es el *No More Problem*. Cuando hago un truco, utilizo solo las técnicas que puedo hacer con la máxima confianza y eficacia; es decir, las que tengo verdaderamente automatizadas. Hace un tiempo me centraba en hacer acrobacias que quitaban energía a la acción más importante, al verdadero valor añadido que permite el mejor resultado posible: la relación con el público".

Lo mismo vale para cada deportista que quiera alcanzar la excelencia, para cada persona que desee alcanzar su máximo rendimiento posible. En el momento deseado, hay que llevar a cabo solo las destrezas que cada uno tenga consolidadas, dejando para el entrenamiento o un estudio posterior todo lo que se pueda mejorar.

LAS REGLAS DEL MÁXIMO RENDIMIENTO

Las reglas son normas que, si se respetan, generan buenas relaciones y favorecen la obtención del resultado deseado. Considerando el método ilustrado y descomponiéndolo en sus varias fases, podemos identificar las leyes del máximo rendimiento y cómo respetarlas. Cuando esto ocurre, técnicamente estamos dentro de la SFERA del máximo rendimiento.

PRIMERA REGLA

Fase de análisis: *cada vez que hay una diferencia entre el rendimiento potencial y el real, siempre hay una causa.*

Cada desempeño deportivo tiene un componente atlético, técnico y psicológico. Podemos investigar las causas psicológicas utilizando nuestro acrónimo SFERA.

SEGUNDA REGLA

Fase de optimización: *la representación mental de la competición es una invención del atleta y está vinculada con el estado mental del momento.*

Para optimizar el rendimiento hay dos caminos posibles. El primero tiene que ver con la modificación de una representación mental inadecuada (sustituyéndola, por ejemplo, con una metáfora o una imagen mental nueva y más funcional). El segundo consiste en potenciar uno de los puntos del acrónimo SFERA, un punto de fuerza que crea un crecimiento positivo de todos los aspectos psicológicos.

Toda la fase de optimización tiene el objetivo de crear la mejor representación posible del evento, la cual siempre es extremadamente subjetiva y surge a partir de la exaltación de uno de los factores SFERA del máximo rendimiento.

TERCERA REGLA

Fase de verificación: *la eficacia de los mecanismos mentales utilizados está evidenciada por el sistemático aumento de la sensación de autoeficacia, que tenderá a su máximo absoluto.*

La eficacia de una representación mental en una competición es medible a través de la intensidad y la calidad de las relaciones que esta crea con el sujeto, con el movimiento y con los sistemas externos al in-

dividuo. El aumento de la sensación de autoeficacia, del que hablaremos brevemente en el transcurso del libro, está relacionado con las sensaciones positivas experimentadas por el atleta.

La verificación siempre ocurre en el campo y está directamente relacionada con el resultado obtenido.

CUARTA REGLA

> **Fase de mantenimiento:** *el hábito es enemigo del máximo rendimiento.*

Los mecanismos mentales creados solo se pueden mantener si vienen apoyados por una *necesidad* de mejora continua. En esta fase, para aumentar la motivación, es útil compartir el dicho "cada final es un nuevo comienzo".

QUINTA REGLA

La probabilidad de victoria está directamente correlacionada con el placer de realizar el movimiento o el gesto atlético.

La entrada en la SFERA del máximo rendimiento mental se completa con la pasión, que representa el verdadero valor añadido a la hora de realizar cualquier actividad.

Juego, *diversión*, *placer* y *gratificación* deben ser palabras claves siempre presentes tanto en el entrenamiento como en la competición.

CAPÍTULO 2

LOS CINCO ATRACTORES PARA LA CONSTRUCCIÓN DE LA SFERA DEL MÁXIMO RENDIMIENTO

SFERA: EL MECANISMO MENTAL DEL CAMPEÓN

En la búsqueda constante de procedimientos que permitan la optimización del desempeño del deportista, llegué a la convicción personal, sostenida por los resultados obtenidos, de que es necesario actuar en base a cinco factores fundamentales para la estructuración de su representación mental. Estos factores pueden ser recogidos en el acrónimo SFERA, que yo mismo acuñé, y cuando trabajo con los deportistas controlo y verifico que estos factores sean todos positivos y potentes.

Pero, ¿por qué precisamente una esfera? Personalmente, creo que la condición mental de máximo rendimiento se puede comparar con una esfera, en cuanto que esta forma geométrica simboliza la perfección. SFERA es un acrónimo que evoca, precisamente, imágenes de perfección desde el punto de vista geométri-

co y artístico. Además, muchísimos deportes se practican con una esfera de tamaño variable y, por ello, es sugerente para un atleta entrar física y mentalmente dentro de la SFERA de su máximo rendimiento.

Para entender mejor la importancia de una buena relación entre todos los factores que componen el desempeño, imaginemos que viajamos en tren hacia una ciudad que conocemos y de la que recordamos algunos detalles. En el momento en el que lleguemos a nuestro destino, encontraremos el escenario que teníamos en nuestra mente (excepto pequeñas y eventuales modificaciones), pero lo que no podremos nunca imaginar con exactitud son las personas que encontraremos, el clima, la intensidad del tráfico y, ni mucho menos, el primer coche que veremos cruzar la calle. Lo único que podemos hacer es entrar en sincronía con todo lo que nos rodea para vivir de la mejor forma posible el momento presente, más allá de las expectativas que nos podemos crear en nuestra mente.

Lo mismo aplica para un atleta: no puede esperar revivir una situación que ya ha vivido. La única cosa sabia y eficaz que puede hacer para mejorar su actuación es, precisamente, la de no esperarse (casi) nada y estar preparado para cualquier cosa.

Hemos visto que una de las características del campeón es "ver lo que los demás no ven". Es precisamente por esta razón que, si un campeón se encuentra en una ciudad desconocida, utilizar la "percepción imaginativa" puede ayudarle a entrar completamente en sincronía y captar todas aquellas informaciones sutiles que se encuentran bajo el umbral, respecto a la percepción normal.

Como seres humanos, conocemos el mundo a través de los mensajes que nuestros sentidos le transmiten al cerebro.

"El mundo está presente en el interior de nuestra mente, la cual está en el interior de nuestro mundo", dijo una vez Edgar Morin. Con esta frase nos recuerda que somos como prisioneros del sentido que hemos dado a nuestro mundo: esto es lo que conocemos y esto es lo que nos llevamos, con todos sus límites y sus contradicciones, explicaciones, descubrimientos e invenciones. Solo cuando se tiene el valor de poner en duda la propia percepción y, por lo tanto, el propio "credo", tiene sentido hablar de realidad compartida. Comprender es el primer paso hacia la percepción y sin la comprensión no puede haber realidad.

Entrar en la SFERA del máximo rendimiento significa construir un estado mental que lleve a la representación de la realidad más funcional para el desempeño realizado. Actuando sobre cada factor de la SFERA y sus relaciones, de manera responsable y dedicándoles todo el tiempo necesario, el atleta se vuelve capaz de calibrarse con el momento presente, justo como cuando, para afinar un instrumento musical, se empieza por el "la" para establecer la relación entre todas las demás notas.

Entrar en la SFERA significa, además, realizar un ritual de activación que actúa en dos direcciones. La primera es la construcción de una metáfora funcional respecto a la situación; la segunda es la atención sistemática hacia uno o más factores de la SFERA, los cuales se convierten en puntos atractores (término con el cual denotaremos a partir de ahora a los cinco factores) en torno a los que se construye el máximo rendimiento.

El punto atractor es comparable con la primera nota de una escala musical, a partir de la cual se empieza a definir las relaciones con las siguientes notas.

¿CÓMO CONSTRUIR EL ESTADO MENTAL DEL CAMPEÓN?

TÉCNICAS Y JUEGOS DE OPTIMIZACIÓN

En psicología, el término SFERA fue utilizado por P. Schilder y retomado por E. Kretschmer para indicar la zona marginal de la conciencia en cuya periferia, según esta imagen "topográfica", se recogerían, como un halo nebuloso, las nociones conscientes y los sentimientos asociados que influencian cada acción y discurso. A esta esfera hay que atribuirle las raíces del pensamiento intuitivo, productivo y artístico.

El movimiento circular es perfecto, inmutable, sin inicio ni final. En las culturas arcaicas, la forma geométrica de la esfera siempre ha representado la perfección y la totalidad. También se puede asociar con la divinidad, con el origen y el final del todo, como en el budismo zen, donde a menudo encontramos dibujos de círculos concéntricos que representan la última etapa del perfeccionamiento interior, la adquisición de la armonía del espíritu.

En la Psicología del Deporte, el término tiene un doble sentido: puede entenderse como sustantivo o como el acrónimo de las iniciales de las palabras que componen SFERA. Si se usa como sustantivo, denotará el área de influencia, es decir, el ambiente en el que el atleta se mueve; como acrónimo indicará el procedimiento de análisis y optimización.

La entrada en la SFERA del máximo rendimiento está estrictamente conectada con la capacidad de autorregularse, de conducirse hacia el mejor equilibrio psicofísico. La SFERA es la estructura que conecta al atleta con los demás, con la naturaleza, con el movimiento, con la competición y con la victoria. El atleta ganador tiene "el sentido de la aventura que está por llegar, no el recuerdo del pasado como el único momento en el que ha verdaderamente vivido", como dijo el escritor Richard Bach.

Todos los componentes de la SFERA son cualidades positivas y deseables para alcanzar el mejor resultado posible, justo como les sucede a los yoguis orientales y, por casualidad, a algunos atletas. La contracción y expansión del tiempo, la regresión, la progresión y la disociación de la edad, solo son algunos de los fenómenos que se pueden realizar cuando se modifica la propia representación del mundo.

Las neurociencias nos enseñan que los estados de alegría y placer generan una activación endorfínica, la cual tiende a cancelar la memoria del evento. Es por eso que es difícil recordar los detalles de situaciones en las que todo ha sido bonito y placentero, en las que vivimos una condición de extrema fusión con el mundo. Estar en la SFERA significa tener, al mismo tiempo, la percepción de los detalles y la conciencia del todo.

EL ESTADO DE SINCRONANCIA: LA EXCELENCIA DE LA SINCRONÍA

La entrada en la SFERA corresponde al estado de sincronancia: la máxima expresión de la sincronía (hacia uno mismo y hacia el exterior) y de la resonancia (que genera una amplificación de los propios recursos). Esta se define como *la autopista hacia el máximo rendimiento.* Las sensaciones que se viven en este estado son muy parecidas a las condiciones de éxtasis.

Ya en los años sesenta, el psicólogo Abraham Maslow, estudiando actuaciones deportivas excepcionales, halló que el atleta experimentaba, en estos casos, una sensación de gran autoconfianza y autoconciencia, de integración y posesión de todas sus propias facultades psicofísicas. La integración de los aspectos físicos y mentales contribuyó a alcanzar un estado de satisfacción personal superior a cualquier expectativa. Cuando los atletas entran en la zona de máximo rendimiento, algunos suelen tener la impresión de

moverse como autómatas, de sentir el cuerpo y la mente en perfecta armonía con la situación: es como si estuvieran presentes en ella, pero sin su parte racional. Otros tienen una clara premonición del éxito y la sensación de estar rodeados por un envoltorio invisible en el que lo único que cuenta es el compromiso del momento. Por ejemplo, Al Orter, lanzador de disco y cuatro veces medallista de oro olímpico, a propósito de este tipo de experiencia, afirma: "No existe cantidad de dinero, de poder o posición social que puedan igualar esa experiencia. [...] En la vida no existe un momento más precioso que ese. [...] Valdría la pena trabajar duramente durante años solo para revivir ese momento mágico una vez más".

La sincronancia es el estado emergente que abre al atleta las puertas de sus recursos inconscientes, a menudo desconocidos e inesperados. Un gran campeón del pasado, Pelé, en su autobiografía *My Life and the Beautiful Game*, describe ese estado mental de la siguiente manera: "Tenía la sensación de poder correr todo el día sin cansarme nunca, de poder superar driblando a todo el equipo contrario si fuera necesario, ¡de incluso poder pasar a través de mis adversarios!". Seguramente Pelé tenía la gran capacidad de llevar a la competición solo sus puntos de fuerza.

Pero, ¿qué es lo que distingue a aquellos que alcanzan el máximo rendimiento de los que simplemente logran un buen resultado? Lo que marca la diferencia es una mente constructivista; es decir, la capacidad de asumir la *responsabilidad* tanto del propio éxito como del posible fracaso.

¿QUÉ ES LO QUE FAVORECE LA ENTRADA EN LA SFERA?

Así como un músico afina su instrumento antes de su actuación empezando por el "la", también un atleta debe tener un punto de referencia, un punto atractor desde el cual empezar su recorrido. Tener un punto de partida fuerte, junto con la comprensión de los puntos de fuerza personales o la conciencia de una señal de activación eficaz, favorece la entrada en la SFERA. A partir de este primer factor podemos construir las relaciones con los demás factores, como, por ejemplo, dosificar la energía, reconocer el ritmo correcto y sentirse en sincronía.

La partitura es importante para mantener unidos todos los componentes de una orquesta, pero lo esencial es el ritmo. Como veremos, este último es la estructura de conexión. La entrada en la SFERA también debe construirse con el ritmo justo, algo absolutamente personal.

¿QUÉ ES LO QUE DIFICULTA LA ENTRADA EN LA SFERA?

Una de las mayores dificultades que se nos puede presentar al momento de entrar en la SFERA es la interpretación de la realidad como un puro descubrimiento; es decir, esperar que algo ocurra sin tener la responsabilidad de ello; un pensamiento clásico no constructivista.

¿QUÉ DECIRSE PARA ENTRAR EN LA SFERA?

Es muy útil tener una metáfora personal que represente el estar en la SFERA y, a su vez, encargarle al inconsciente que recuerde la solución del problema, asumiendo que es este quien conoce las soluciones y que, por lo tanto, solo tiene que recordarlas.

Cuando se entra en la SFERA hay que potenciar dos características: la capacidad de activarse al 100 % y la sistemática capacidad de transformar los límites en oportunidades.

Al entrar en la SFERA nos podemos sentir atraídos por un factor en particular. Esto connota nuestra manera personal de entender la competición, la cual despierta sensaciones extremadamente diferentes

para cada atleta, pero siempre altamente eficaces. Por ejemplo, si estoy más orientado hacia los puntos de Fuerza, mi actitud tenderá a ser agresiva y me sentiré eficaz al máximo si consigo reconocer estas sensaciones.

Cuando conocemos nuestro mejor posicionamiento dentro de la propia SFERA, resulta útil recordar una competición pasada en la que todo ha funcionado perfectamente, ya que es ahí donde podremos reconocer el origen de nuestra genialidad, el punto atractor en torno al cual todo adquiere la forma deseada.

LOS CINCO TIPOS DE PERSONALIDAD

Veamos juntos los cinco tipos de personalidad del atleta, caracterizados por la dominancia de uno de los atractores que componen la SFERA, y sus consecuencias.

Si hay una dominancia de *Sincronía* será posible, observando la actitud del atleta hacia la competición, notar equilibrio, orden y capacidad de adelantar los eventos. Por ejemplo, cuando, en el fútbol, el defensor anticipa sistemáticamente al delantero.

Con una dominancia de los *puntos de Fuerza*, la actitud observable es de determinación y agresividad y está asociada a una gran capacidad de soportar el dolor y la fatiga. A veces, estos atletas parecen muy diferentes en el momento de la competición, en comparación con su vida normal. Un ejemplo es el empleado tranquilo, gentil y pacífico que esconde dentro de sí el extraordinario judoca.

Con una dominancia de *Energía*, la actitud es la de un atleta casi dotado de una fuerza superior, poderosa e inagotable. Este es el caso del mediocampista que corre en la banda sin parar y con un renovado placer de efectuar el movimiento en cada acción.

Con una dominancia de *Ritmo*, se observa la elegancia del movimiento atlético, la perfección de la acción en armonía con el ambiente. Es el caso de todos los deportes en los que hay música, escuchada o imaginada, como en la danza en pareja.

Con una dominancia de *Activación*, el campeón está destinado a la victoria, como si pudiera percibir, en una dimensión irracional, que ganará pase lo que pase. Esta es una característica fuera de serie, de los héroes del deporte que nunca traicionan las expectativas.

En síntesis, la SFERA tiene varias formas, cada una muy personal y singularmente perfecta. Cuando el atleta entra realmente en ella, tiene la capacidad de trascender la conciencia ordinaria, de transformarse de *cosa actuante* a *acto cosante*. Esto puede explicarse de mejor manera si tomamos prestado el lenguaje de cepa africana que, para indicar el galope de un caballo, construye la frase privilegiando la acción respecto al sujeto que la cumple: no se dirá "el *caballo* galopa", sino "el *galope* caballa". ¡La acción es la protagonista absoluta!

EN BÚSQUEDA DE LA OCTAVA COLUMNA

A menudo, cuando todo está en su justo orden, se da una situación epifenoménica en la que el conjunto de todos los factores implicados crea un resultado inesperado y superior a la suma de cada una de las partes. Un rostro agradable a la vista no es solo el resultado del pelo, los ojos, una bonita nariz o una boca hermosa: es la suma de todos estos componentes que, relacionados correctamente, generan un conjunto agradable. Los equipos funcionan bien cuando todos los jugadores "hablan el mismo lenguaje" y entran en una condición de sincronancia, que amplifica su valor individual al servicio del grupo y de la competición.

Una divertida anécdota, pero absolutamente cierta, puede ilustrarnos mejor lo que ocurre cuando todo está en su justo orden. En el siglo XIX, la química era considerada una especie de alquimia y los libros estaban repletos de fórmulas escritas de una forma bastante confusa. En esta situación de anarquía, Dmitrij Mendeleev, un joven químico de la Universidad de San Petersburgo, tuvo la extravagante idea de ordenar todos los elementos simples conocidos hasta 1869 en una tabla periódica. Los dispuso por masas atómicas en orden creciente, estableciendo una línea de corte a partir del séptimo elemento, y pudo constatar que, curiosamente, todos los que se encontraban en la misma columna presentaban propiedades químicas análogas. Mendeleev no podía entender la razón por la cual todos los elementos naturales simples se agrupaban en la misma columna dentro de la tabla. Esto era, sin duda, un aspecto curioso, pero sus colegas acogieron esta coincidencia de una forma bastante fría. Efectivamente, faltaban algunas casillas, cosa que dejaba la tabla incompleta. Entonces, el químico trató de llenarla con tres elementos hipotéticos. Después de un inicial escepticismo por parte de la comunidad científica, en 1879 fue descubierto un elemento metálico, el escandio, que por fin pudo ocupar la plaza vacante en la casilla vacía de la tabla. Diecisiete años después, el galio y el germanio rellenaron las otras dos casillas restantes, dejando impresionados a todos los químicos del mundo. Llegados a este punto, ocurrió la cosa más extraordinaria: a principios del siglo XX, fueron descubiertos los gases inertes (helio, neón y argón), que se colocaron de modo muy natural en una octava columna de la tabla que Mendeleev no había previsto en absoluto.

De esto podemos concluir que, cuando una regla resulta ser correcta, nos puede llevar mucho más lejos de lo que nos hubiéramos esperado. Además, de algún modo, también tiene una función predictiva, ya que lleva a descubrir el secreto que durante mucho tiempo, sin éxito, se había intentado revelar. Al igual que la naturaleza nunca bromea, y cuando revela sus secretos lo hace sin excepciones, también el atleta, que con gran dedicación construye su propia SFERA, puede acudir a algunos recursos que ni siquiera sabía que tenía; los mismos que marcan la diferencia entre un campeón y alguien que se muestra siempre por debajo de sus potencialidades. Así, el campeón puede llegar a hacerlo poniendo en orden sus conocimientos y dejando emerger su propia octava columna personal; es decir, esa fuerza física y mental que trasciende los límites conocidos.

¿QUÉ ES LO QUE DE VERDAD OCURRE CUANDO SE ENTRA EN LA SFERA?

Cuando la SFERA está en equilibrio, la relación entre los factores resulta perfecta, de forma acorde con el tiempo y con el espacio.

Cuando se entra en la SFERA todo parece natural, agradable y divertido y las cinco leyes del máximo rendimiento son respetadas. Normalmente, la descripción de esta experiencia enfatiza la percepción de uno o dos de los cinco atractores que la componen.

A continuación, se propone una lista de sensaciones y pensamientos que los atletas mismos han dicho haber experimentado en esta condición. Intenta leerlo con la intención de descubrir si tú también has vivido alguna de estas experiencias:

- Sensación de autoconfianza.
- Sensación de integración plena.
- Percepción de la posesión plena de todas las facultades físicas y mentales.
- Máxima autoconciencia.
- Máxima apertura perceptiva a la experiencia.
- Sensación de máxima satisfacción.
- Fuerte autoconsciencia del propio rol o tarea percibida como una misión.
- Extrema focalización en el movimiento atlético.
- Atención extrema a los detalles y simultánea concentración en la configuración global de la competición (el campo de juego y los

espectadores, la figura y el fondo percibidos contemporáneamente).

- Apasionada y constante determinación.
- Anulación de las fronteras entre mundo externo e interno (como en la meditación trascendental experimentada por los yoguis).
- Sensación de omnipotencia y maestría.
- Sensación de perfecta sincronía.
- Sensación de estar presentes sin la participación del pensamiento consciente.
- Sensación de haber entrado en una dimensión completamente nueva.
- Sensación de alegría y éxtasis.
- Deseo de prolongar y revivir el mágico momento.
- Marcada relajación psicofísica.
- Cuerpo caliente.
- Profundo desapego psicológico progresivo de las cosas externas.
- Completa absorción mental.
- Exclusión de todo lo que no fuera pertinente al momento.
- Disponibilidad plena de todos los recursos inconscientes.

UN EJERCICIO PARA CONOCER EL ESTADO DE LA PROPIA SFERA

Si te dijera que todo lo que necesitas para la construcción de tu SFERA está al alcance de tu mano... ¿Te lo crees? Haz este simple ejercicio:

Extiende tu brazo izquierdo delante de ti y pon los dedos y la palma de tu mano como si sujetaras una esfera. Siente su peso; imagínala del color y material que quieras. Esta simboliza tu mente y tu representación del mundo.

¿Ves tu dedo pulgar? Este representa tu *sincronía.* Gracias a él puedes sujetar la esfera de forma segura a pesar de los movimientos de tu mano. El dedo de la sincronía es importantísimo, ya que sin él perderías rápidamente el control de la esfera y, por lo tanto, de tu mente.

Ahora observa tu dedo índice. Este es un dedo muy fuerte; de hecho, lo usas para hacer palanca y para señalar la dirección. Representa tus **puntos fuertes,** aquellos con los que debes identificarte cuando estés compitiendo para poder rendir al máximo. Es el dedo que, junto al pulgar, sueles usar más. Puedes llevar tu atención nuevamente al pulgar y percibir la relación que tiene con tu dedo índice.

Y ahora observa, justo en el centro, a tu dedo corazón, el dedo de la **energía.** Este es el más largo de todos y el que aporta equilibrio. Gracias a él puedes sentir el peso de las cosas y lanzar lejos tu esfera cuando así lo quieras; es el último que la toca antes de que se proyecte en el espacio delante de ti. Si lo tienes muy relajado, no hay empuje. Si lo tienes muy rígido, bloqueas el movimiento. Debes sentirlo siempre y aprender a usarlo con la intensidad justa. Prueba percibir la relación entre tu dedo corazón y el pulgar.

Ahora, centra tu atención en el anular. Este es el dedo del **ritmo**; el dedo con el que, a veces, sin darte cuenta, marcas el ritmo de tu canción favorita. Es aquel que está naturalmente predispuesto a poner orden al movimiento de tu mano y a los pensamientos de tu mente. Es el ritmo el que te permite desplazarte a la velocidad justa y usar bien todo lo que has construido hasta ahora. Es un dedo muy sensible y que siempre está en movimiento, incluso cuando no te das cuenta. Requiere mucha atención. Percibe su relación con el pulgar.

Y, finalmente, el meñique. Es tan pequeño que a menudo se nos olvida, pero sin él no puedes tener un buen agarre, es como si faltara algo. Este es el dedo de la **activación.** Cuando todo es perfecto, es su presencia y su posición lo que te da la luz verde para realizar el lanzamiento. El meñique es tan importante que representa la perfección, aquello que de forma natu-

ral completa tu mente. Activarse quiere decir realizar ese pequeño movimiento final que te hace sentir que todo está en su lugar. Es el valor añadido por el buen trabajo realizado.

Ahora mira bien tu mano y observa el espacio entre los dedos. Si eres capaz de agarrar tu esfera de manera precisa, es porque existe una relación entre ellos. Si no estuvieran relacionados, la tuya no sería una mano. Y de la misma manera en que no puedes usar los dedos de otros, tampoco puedes usar la mente de otros. Tus dedos pueden sujetar esferas más pequeñas o más grandes; lo único que tienes que hacer es cambiar la relación entre ellos, abriendo o cerrando la mano, dependiendo de si quieres sostener una pelota de golf o una de baloncesto. Para alcanzar tu máximo rendimiento, tienes que reconocer la función exacta de tus dedos, la forma en la que están relacionados y sentir la esfera que sostienes en tu mano. Debes modular la relación entre ti mismo y el mundo exterior.

Tu mente consciente y tu inconsciente forman ahora una alianza perfecta, que se manifiesta a través de la justa relación entre los dedos de tu mano.

Intenta observar aún mejor la esfera que estás sosteniendo, pues esta contiene todos tus objetivos, tus pasiones, tus sueños. Intenta percibir bien sus dimensiones y su peso, levántala hacia arriba y bájala hasta el suelo para verla desde diferentes puntos; hazla girar y trata de sentir qué dedo presiona más para sujetarla y cuál menos: esto representa tus puntos de mejora inmediatos. Y ahora lánzala donde desees, en sincronía con este momento, pensando solamente en lograrlo, con la justa energía e involucrando todo tu cuerpo en este ritmo y flujo de movimiento... ¡Hazlo ya!

¿Lo has logrado?

¡El Gran Juego ha comenzado!

EL PRIMER ATRACTOR: S DE SINCRONÍA

Vamos a considerar ahora, uno por uno, los cinco atractores que constituyen el acrónimo SFERA. El primero, y muy importante, es la sincronía.

Podemos definir a la sincronía como *el estado de concordancia entre período y fase de dos fenómenos periódicos.*

Esto significa, desde nuestro punto de vista, el logro de una perfecta coincidencia y correspondencia entre los recursos internos y los externos.

ASPECTOS TEÓRICOS Y REFERENCIAS A LAS NEUROCIENCIAS

La sincronía se experimenta cada vez que hay contemporaneidad entre hechos o fenómenos diferentes. Todo se mueve a la misma velocidad y, cuanto mayor es la sincronía, mayor es la dificultad para distinguir el origen del movimiento. No hay diferencia aparente entre quien guía y quien es guiado entre dos personas que experimentan este estado. La importancia de la sincronía es extraordinariamente grande, tanto que, desde mi concepción personal sobre la psicología del deporte, prefiero utilizar siempre el neologismo *sincronancia* (unión entre *sincronía* y *resonancia*) para indicar el máximo grado de sincronía, el cual representa el estado mental que hace de llave maestra para alcanzar el máximo rendimiento. Es por esto que la sincronía representa el primer e imprescindible atractor en torno al cual se construye la propia SFERA.

Cuando se está en sincronía hay una única dimensión del tiempo —el presente— vivido momento tras momento con la máxima conciencia. Cuando se está en sincronía, se usan los mismos códigos y el cuerpo y la mente hablan el mismo lenguaje.

El atleta moderno corre el riesgo, cada vez más frecuente, de perder la sincronía con el evento deportivo. Es demasiado vulnerable porque las expectativas, basadas en una dimensión temporal pasada o futura, lo proyectan mentalmente en tiempos y lugares diferentes y lejanos del realmente necesario, es decir, de la línea de partida. También la vida que nos rodea es un ejemplo de pérdida de sincronía: si no conseguimos representar correctamente, en nuestro interior, los tiempos que se nos imponen por las caóticas limitaciones externas, estos favorecerán la aparición de diversos problemas psicológicos. A menudo ocurre que las personas no tienen proyectos para su propia vida, pero a la vez viven los deseos de otros sin ni siquiera ser conscientes de ello.

HISTORIAS Y METÁFORAS SOBRE LA SINCRONÍA: EL CAMPESINO Y SU CABALLO

Para entender mejor lo que significa vivir en una dimensión mental de sincronía, leamos esta historia oriental que puede transmitirnos una gran enseñanza.

Un pobre y viejo campesino tenía un hermoso caballo que, por su inestimable valor, hasta el mismo emperador le había hecho generosas ofertas de dinero. Pero el viejo campesino siempre se negaba a vendérselo, aunque con la ganancia habría resuelto sus problemas económicos. Todos los habitantes de la aldea lo tacharon de loco por no aceptar las ricas ofertas. Una mañana, el campesino descubrió que su magnífico caballo había saltado la valla y escapado. Sus paisanos lo atacaron diciéndole que había sido muy estúpido por no venderlo, porque ahora lo había perdido todo, tanto el dinero como el animal. Entonces, el viejo campesino contestó: "Estas solo son *sus* interpretaciones. Lo único que puedo decir es que esta mañana mi caballo se ha escapado". Los vecinos fueron confirmando su hipótesis de que ese hombre estaba loco; pero cuando una semana después el caballo volvió seguido por una manada de potros salvajes, todo el mundo se apresuró a felicitarlo, admitiendo que tenía razón en no desesperarse por la desaparición temporal del caballo. El viejo dijo: "Son ustedes los que piensan que este es un hecho positivo. Yo solo puedo decir que mi caballo ha regresado con una manada de potros salvajes".

Al día siguiente, el hijo mayor del campesino decidió domarlos, pero, en el intento, cayó y se rompió una pierna. Nuevamente, los vecinos se acercaron a él para decirle que tenía razón en no considerar como algo positivo el tener todos esos caballos salvajes en su recinto. Pero una vez más, el viejo campesino respondió: "Solo puedo decir que mi hijo mayor se ha roto una pierna intentando domar los caballos salvajes. No es ni una cosa positiva ni negativa".

Algunos días después, el emperador le declaró la guerra al reino vecino y enseguida sus enviados fueron a la aldea para reclutar jóvenes hábiles. El hijo del campesino, naturalmente, no fue reclutado y no tuvo que ir a la guerra. Los vecinos, una vez más, dijeron que el viejo campesino había tenido razón y que, al final, había resultado positivo el hecho de que su hijo se hubiera roto una pierna. Pero el campesino los sorprendió una vez más diciendo: "Este es *su* juicio. ¡Lo único que se puede decir con certeza es que mi hijo no ha podido ir a la guerra porque tenía una pierna rota! ¡Todo lo demás son interpretaciones de sus mentes!".

Aunque esté llevado al extremo, el mensaje de esta historia es que conviene siempre convivir en sintonía con el presente, sin proyectarse demasiado hacia el futuro y sin volver la vista demasiado atrás. Así como el campesino, también el atleta debería concentrarse en vivir el "aquí y ahora" de su desempeño, dejando ir juicios o interpretaciones que lo alejan de ese momento.

FASE DE ANÁLISIS DE LA SINCRONÍA

En esta fase es posible hacer un autodiagnóstico mediante preguntas que nos ayudan a entender cuánta sincronía tenemos en un momento dado. Como ya hemos visto, la primera ley del máximo rendimiento, relacionada con la fase de análisis, pone en evidencia la necesidad de identificar el alcance de los factores que componen la SFERA. Para comprender cómo nos posicionamos respecto a la sincronía, es necesario responder a preguntas como:

1. ¿Sabes reconocer la emoción que estás sintiendo en este momento?
2. Las sensaciones que tienes durante la experiencia, ¿son positivas o neutras?
3. ¿Te sale natural hacer lo que haces o te esfuerzas excesivamente?
4. ¿Has soñado alguna vez con esta experiencia?
5. ¿Hay frases o palabras que te repites a ti mismo? Si hay, ¿cómo son? ¿positivas, negativas o neutras?
6. ¿Estás razonando de forma correcta al alejar de tu mente las ilusiones?
7. En este momento, ¿estás completamente presente?
8. ¿Sabes gestionar en este momento todo lo que te rodea? ¿Estás controlando los eventos que ocurren?
9. Si tuvieras la posibilidad de cambiar algo **externo a ti**, en este momento, ¿sabrías qué elegir? ¿de qué manera podrías darte cuenta de que las cosas, efectivamente, han cambiado?
10. Si tuvieras la posibilidad de cambiar algo **de ti mismo**, en este momento, ¿sabrías qué elegir? ¿Y cómo podrías darte cuenta de que eso que has elegido, efectivamente, ha cambiado?
11. ¿Te sientes en sincronancia con el momento presente?

¿Qué es lo que favorece la sincronía? La sincronía viene favorecida por todo aquello que permite al deportista tomar posesión del momento, de los materiales y del ambiente que constituyen el escenario del entrenamiento o de la competición. La sincronía se desarrolla empezando por puntos atractores, elementos fuertes alrededor de los cuales todo toma la forma conocida. Un ejemplo es el de Valentino Rossi que, cuando se cambió a Yamaha, le preguntaron a partir de qué elemento empezó a transformar su vehículo en una moto ganadora. El campeón contestó: "He empezado a hacerla mía colocando las pegatinas en la posición correcta. Este fue el comienzo de mi *feeling* por este nuevo medio mecánico". Y este fue el inicio que llevaba consigo todas las condiciones para ganar.

Los puntos atractores refuerzan la identidad del atleta, porque permiten la percepción de un ambiente conocido y, por lo tanto, menos inquietante. Estos son muy diversos: desde los colores de los esquís hasta las letras del fabricante, así como las sensaciones del manillar de una bicicleta o los movimientos de los pies en el interior de las zapatillas, etc.

¿Qué dificulta el desarrollo de la sincronía? La sincronía no es posible si la mente genera ilusiones. Esto se verifica cuando centramos nuestra atención en tiempos o lugares diferentes, lo que nos hace perder la correcta percepción de las sensaciones del presente. Así ocurre la separación mente-cuerpo.

¿Qué decirse para incrementar la sincronía? El diálogo hipnótico, basado en la observación de uno mismo, es la llave maestra de la sincronía. Hay algunas frases que cada uno de nosotros puede crear para facilitar el camino hacia la dirección deseada. En este caso, una frase útil podría ser: "Estoy en perfecta ar-

monía conmigo mismo, con la naturaleza, con los demás y con el entorno que me rodea".

FASE DE OPTIMIZACIÓN DE LA SINCRONÍA

En primer lugar, los ejercicios propuestos tienen el objetivo de mejorar el rendimiento y la atención hacia el atractor de la sincronía. Por lo tanto, se estimulan los mecanismos ideo-plásticos e ideo-sensoriales para que cuando pensemos en un movimiento o una sensación, esta tienda a desarrollarse. Estos ejercicios pueden utilizarse para aumentar la sincronía y son principalmente un entrenamiento que, si se diseña bien, resulta muy eficaz. Pero, para que así sea, deben realizarse antes del momento de la competición.

El concepto clave es el entrenamiento de la presencia, del proceso de hacer e imaginar simultáneamente. Por otra parte, concentrarse en el momento presente, en el aquí y ahora, mientras nos hablamos a nosotros mismos y nos contamos lo que estamos haciendo, ya es de por sí suficiente para aumentar la sincronía.

EJERCICIOS INDIVIDUALES PARA EL ENTRENAMIENTO DE LA SINCRONÍA

1. *Ejercicio de inmersión en el lago para alejar las tensiones.* Adopta una posición cómoda y una respiración calmada y regular, e imagina que estás sumergido en las tibias y calmadas aguas de un lago. Lleva tu atención a las burbujas de aire que suben a la superficie y se alejan de tu cuerpo. Cada una representa una tensión o un pensamiento negativo que se aleja lentamente hasta desaparecer, explotando al llegar a la superficie del lago.

2. *Ejercicio de la respiración.* Es posible aumentar la sincronía con uno mismo controlando la respiración, ya que así tomaremos conciencia de una acción automática como respirar. Para hacerlo, puedes entrenarte respirando de forma alternada por orificios de

la nariz; primero el izquierdo y luego el derecho, y a continuación los dos a la vez. Notarás cómo aumenta la sensibilidad hacia el aire que entra.

3. Ejercicio de imitación. Puedes entrenar tu sincronía copiando los movimientos y la postura de la persona que tienes delante. Cuando sientas que ya has hecho esto, puedes imaginar que también percibes su estado de ánimo.

4. Ejercicio del autodiálogo. Entrénate hablándote a ti mismo, describiendo exactamente lo que estás haciendo: tu sensibilidad hacia la acción y tu cuerpo aumentarán.

5. Ejercicio de reconocer y nombrar las emociones. Aprovecha para tomar nota de cómo reacciona tu cuerpo en tu día a día y las interpretaciones que da tu mente en diferentes momentos.

6. Ejercicio VOTOG. Es importante entrenarse para describir cada situación, como por ejemplo la de la competición, utilizando los cincos sentidos para sincronizarse con el momento y los materiales presentes. Describe lo que ves, lo que oyes, lo que tocas, lo que hueles y lo que saboreas.

7. Ejercicio para reconocer la dirección de los propios pensamientos. Este ejercicio permite tener una mayor conciencia sobre a qué solemos dirigir nuestra atención. Con él entenderemos si estamos más pendientes de los eventos externos o de los pensamientos internos.

8. Ejercicio de secciones y tareas para llevar a cabo una acción. Este ejercicio se propone en el método Stanislasvkij, enseñado a los actores. Imagina una *acción* compleja como abrir una puerta e intenta dividirla en muchas subacciones —o, mejor dicho, en *tareas* más sencillas— y descríbelas en voz alta. Por ejemplo: me levanto de la silla, doy diez pasos contando uno tras otro, agarro el pomo de la puerta, lo aprieto, lo bajo y abro la puerta tirando hacia mí. Como nos demuestra este ejemplo, una acción aparentemente

simple se puede subdividir en al menos seis secciones y tareas distintas. Llevar la atención a cada una de ellas, más que al resultado final, nos permitirá desarrollar una mayor concentración en el momento.

EJERCICIOS GRUPALES PARA EL ENTRENAMIENTO DE LA SINCRONÍA

Estos ejercicios ayudarán a desarrollar y crear un lenguaje común en el equipo.

1. Ejercicio de bajar la varita hasta el suelo. Se coge una varita de aproximadamente 1,5 o 2 metros, lo más ligera posible (como un tubo de plástico), y se escogen de 6 a 8 miembros del equipo. En posición recta, partiendo de una altura de aproximadamente un metro y medio, cada participante debe extender sus dedos índices para sujetar encima de ellos la varita. El objetivo es apoyarla en el suelo en el menor tiempo posible, sin que los dedos pierdan en ningún momento el contacto con ella. Es curioso que, hasta que no haya sincronía y coordinación, la varita tiende a subir en vez de bajar.

2. Ejercicio de levantar a una persona entre cuatro. Una persona se sienta en una silla y otras cuatro deben levantarla solamente utilizando sus dedos índices, apoyándolos por debajo de las axilas y las rodillas. Para realizar esta operación, primero deben girar alrededor de la persona sentada hasta que quien guía el ejercicio perciba la presencia de sincronía: solo entonces los cuatro podrán empezar a levantarla. Es curioso que se percibe a la persona mucho más ligera con respecto a su peso real.

EL SEGUNDO ATRACTOR: F DE PUNTOS DE FUERZA

Podemos definir a la fuerza como *la potencia inherente al organismo a través de la cual el hombre y el animal realizan sus acciones y movimientos.* Es sinónimo de vigor, robustez, gallardía.

ASPECTOS TEÓRICOS Y REFERENCIAS A LAS NEUROCIENCIAS

El segundo paso consiste en recordar y llevar a la competición solo los puntos de fuerza técnicos, físicos y psicológicos, dejando las áreas de mejora para el posterior entrenamiento.

Poner especial atención en los puntos de fuerza, está directamente vinculado con el concepto de *autoeficacia,* derivado de los estudios de Albert Bandura. Por definición, este término hace alusión a la convicción que un individuo tiene sobre su capacidad de dominar actividades específicas. Las convicciones de autoeficacia regulan la motivación, modelan las aspiraciones y los resultados previstos para el propio esfuerzo. Con este concepto, Bandura concibió a la mente como *un aparato capaz de autorregularse* y de generar nuevas capacidades a través de la capitalización de las experiencias vividas. La sensación de autoeficacia puede ser oportunamente reforzada. Veamos ahora cómo esto puede marcar la diferencia entre los atletas.

ALTA AUTOEFICACIA	BAJA AUTOEFICACIA
• El atleta se pone objetivos estimulantes. • Se deja involucrar emocionalmente en la actividad que realiza. • Percibe las tareas difíciles como retos. • Se focaliza en la solución. • Atribuye los fracasos a su propia falta de compromiso.	• El atleta tiene aspiraciones modestas. • Vive el logro de sus metas con poca implicación. • Percibe las tareas difíciles principalmente como amenazas. • Se focaliza en el problema. • Se detiene mayormente en los obstáculos y en los resultados desfavorables.

"Lo único que poseemos son nuestras ideas, todo lo demás son especulaciones" (Gregory Bateson, *Espíritu y Naturaleza,* 1984). El atleta debe tomar conciencia de sus propios puntos de vista y evaluar si estos promueven el logro de su objetivo. Es necesario que, en su interacción con el mundo, permanezca consciente sobre algunos mecanismos que, aunque involuntariamente, tiende a llevar a cabo:

- La mayoría de las veces no decide conscientemente en qué creer.
- A menudo fundamenta sus creencias con interpretaciones erróneas de experiencias pasadas o con resultados pasivos.
- Cuando adopta un punto de vista, se olvida de que esto es solo una interpretación.

Siendo consciente de que actúa de esta manera, puede evitar repetir estos errores.

HISTORIAS Y METÁFORAS SOBRE LOS PUNTOS DE FUERZA: LA OLLA DE BARRO Y LA OLLA DE HIERRO

Esta fábula de Esopo, presente en numerosas colecciones de historias provenientes de diversas partes del mundo, narra la historia de dos ollas, una de hierro y otra de barro, que fueron abandonadas en la orilla de un río. Cuando subió el caudal, ambas se pusieron a flotar siguiendo la corriente. La olla de barro hacía todo lo posible por permanecer distante de la olla de hierro, que le gritaba: "No temas, amiga, ¡no te voy a golpear!". Entonces, la otra contestó: "Si te acercas demasiado, poco importa si yo te golpeo a ti o tú me golpeas a mí; yo recibiría la peor parte".

¿La moraleja? El fuerte y el débil no pueden hacerse compañía. En la competición de máximo nivel, la extraordinaria habilidad del campeón es la de identificarse plenamente solo con sus puntos fuertes; la simple aparición de la idea de debilidad genera una relación interna contraria a la consecución del mejor resultado posible.

FASE DE ANÁLISIS DE LOS PUNTOS DE FUERZA

En este caso, también procederemos con una serie de preguntas que pueden ayudarnos a evaluar nuestra posición actual con respecto a nuestros puntos de fuerza.

1. Como atleta, ¿cuáles son mis puntos de fuerza, tanto físicos como psicológicos?
2. ¿Cuáles son mis puntos de fuerza en la situación que estoy viviendo?
3. ¿Percibo que hoy alguien es más fuerte que yo y más propenso a ganar?
4. ¿Qué es lo que me llevo hoy a la competición?
5. ¿Qué es lo que creo que me guía o me crea dificultades?
6. ¿Qué es lo que necesitaría para que las cosas vayan aún mejor de como están yendo?

7. Cuando las cosas han ido perfectamente, ¿qué es lo que pensaba de mí antes de empezar? ¿Qué sensaciones tenía?
8. ¿Soy consciente del objetivo que me haría mínimamente satisfecho?
9. ¿Me siento en armonía con el escenario externo y puedo seleccionar las sensaciones positivas de mi mente?

¿Qué favorece los puntos de fuerza? Estos se relacionan con la motivación extrínseca (ligado con demostrarle a los demás las cualidades propias) o intrínseca (ligado con el placer personal). Los puntos de fuerza tienen que ver con los recursos individuales y su reconocimiento, así como con una buena definición de los objetivos, que deben ser adecuados al nivel atlético, técnico y psicológico del atleta. Para esto es importante *tener buena puntería*: cuanto más definido esté mi objetivo (mi "diana"), más eficaz y precisa será mi acción.

Se cuenta que el jugador de golf, Ben Hogan, en un hoyo particularmente difícil (un *par* cinco distanciado por más de 400 metros en el que el *green* no era visible desde el *tee*, porque estaba tapado por un pequeño grupo de palmeras enanas que hacían de barrera en el horizonte), le pidió a su *caddie* que le diera la referencia de dónde se encontraba el hoyo. Él le dijo que apuntara a las palmeras y Hogan le contestó:"¿Cuál palmera, exactamente?". Esto no es solo un ejemplo de perfeccionismo, sino sobre todo de un principio fundamental para obtener lo mejor de uno mismo: ¡*apuntar bien!*

Para una buena definición de los objetivos (fase previa a la competición y que se integrará con el programa de entrenamiento atlético y técnico), es necesario hacerse algunas preguntas y respetar algunas reglas fundamentales:

- ¿Tengo claros mis objetivos?
- ¿Mis objetivos se adecuan a mi nivel de preparación?
- ¿Tengo objetivos a corto, medio y largo plazo?
- ¿Mi objetivo es concreto? ¿Sé cómo actuar?
- Tras haber analizado detalladamente los recursos disponibles, ¿considero que mi objetivo es realista y, por lo tanto, viable?
- ¿Tengo un método para evaluarlo, compararlo y saber en qué punto me encuentro?
- ¿Es un objetivo específico y personal? ¿Me pertenece completamente o es el objetivo de alguien más?

¿Qué dificulta el desarrollo de los puntos de fuerza? La falta de objetivos bien definidos.

¿Qué decirse para aumentar los puntos de fuerza? En el caso del esquí, por ejemplo, podríamos decirnos: "Me siento perfectamente capaz y desenvuelto en esta pista".

FASE DE OPTIMIZACIÓN DE LOS PUNTOS DE FUERZA

Veamos ahora una serie de ejercicios pensados expresamente para aumentar la conciencia de los recursos necesarios y lograr un rendimiento excepcional.

EJERCICIOS INDIVIDUALES PARA EL ENTRENAMIENTO DE LOS PUNTOS DE FUERZA

1. Ejercicio de dibujar la mano y de autoevaluación de la autoeficacia. Ponte en una posición en la que tu mano dominante pueda dibujar en un folio y que la otra mano quede al lado opuesto. Dirige tu mirada hacia esta mano e intenta dibujarla (sin mirar el folio) lo más fielmente posible. Antes de observar el dibujo que has realizado, evalúalo de 0 a 10, basándote en cuán fiel crees que es respecto al tamaño real de tu

mano. Ahora, mira el dibujo y evalúa si la nota sobrevalora o infravalora tu ejecución. Puedes volver a realizar el ejercicio y analizar si hay cambios en la calidad del dibujo o en la valoración de tu ejecución, es decir, en la conciencia que tienes de tus propias capacidades.

2. Ejercicio del blind drawn. El ejercicio consiste en dibujar objetos poco comunes, con formas inusuales, basándote exclusivamente en el tacto, sin tener la posibilidad de observarlos directamente. Lo más cómodo es esconder el objeto debajo de la mesa, sujetándolo con la mano no dominante, mientras que con la otra intentas dibujar lo más fielmente posible su forma. Antes de mirar el dibujo, procede con el mismo método de evaluación expuesto en el ejercicio anterior.

3. Ejercicio para reforzar el Yo. Este ejercicio se fundamenta en las técnicas básicas para ayudar a las personas a tomar conciencia de sí mismas y reforzar su propia identidad. El ejercicio consiste en dibujar un árbol en un folio tamaño A4 y, a continuación, en otro folio, dibujar un segundo árbol, que puede ser diferente del primero. Observa los dos dibujos y fíjate en los detalles. Ten en cuenta que el primer árbol representa la imagen de nosotros mismos que damos a los demás; mientras el segundo representa cómo somos realmente. Algunas preguntas que te puedes hacer son:

- ¿Hay diferencias entre lo que aparento ser y cómo soy en realidad?
- ¿Tengo la impresión de que mi árbol es fuerte y robusto?
- ¿Tengo la sensación de que hay partes del árbol que deberían ser reforzadas para ayudarle a sostenerse mejor? ¿Qué representan esas partes débiles para mí?

Acabado el análisis, es posible, en un estado de ligero trance, visualizar el árbol y modificar los puntos débiles revelados, con el objetivo de reforzarlos y así construir mentalmente un árbol más fuerte y resistente ante las adversidades.

4. Ejercicio del model training. En una posición cómoda, imagínate en el interior de una habitación donde hay un sillón, una pantalla blanca, una pizarra y una idónea máquina de la energía. Imagina que estás viendo una película sobre una reciente actuación deportiva tuya, utilizando la cámara lenta y apuntando en la pizarra todos los momentos en los que notas que has utilizado una cantidad desajustada de energía. Vuelve atrás con la cinta y modifica la película usando la máquina de la energía, que permite dosificarla mejor en todos los momentos anotados en la pizarra. De esta manera, podrás ver la película de un desempeño excelente, en el que has podido utilizar la cantidad justa de energía en cada momento de tu actuación.

5. Ejercicio del rêve eveillé dirigé. Visualiza, adoptando una posición cómoda y usando tu imaginación, que te encuentras en la orilla del mar con el equipo necesario para bucear. Imagina que te sumerges en las aguas del mar lentamente, respirando de forma regular. Imagínate que durante el recorrido te encuentras con una cueva, un pulpo y un cofre. Detente un momento en cada imagen, obsérvalas y describe aquello que especialmente llame tu atención. Al final del ejercicio, intenta analizar la naturaleza de las imágenes que han aparecido, buscando conexiones con la realidad de tu día a día. Ten en cuenta que la cueva representa la parte más profunda de tu mente; el pulpo, las dificultades o los obstáculos a los que has de afrontar; y el cofre contiene todos tus recursos, tus puntos de fuerza, que puedes utilizar de forma eficaz para alcanzar con éxito tus objetivos.

6. Ejercicio de la tabla de las habilidades. En un folio, dibuja una tabla con dos columnas. En la de la izquierda, haz una lista de tus habilidades físicas, mentales, técnicas y estratégicas, y evalúa cada una de ellas de 0 a 10 en base a la importancia que les das para alcanzar un desarrollo eficaz en la competición. En la otra columna, valora tu actual intensidad, tal y como la percibes en este momento, y dale también un valor entre 0 y 10. La diferencia numérica entre la primera y la segunda columna te dirá en qué puntos debes intervenir.

7. Ejercicio de las caricias. Este ejercicio se basa en reconocer los *feedbacks,* es decir, lo que los demás nos dicen acerca de cómo somos o cómo nos comportamos. Entrénate en reconocer los *feedbacks* positivos que recibes y que te sirven para mejorar, y observa tu diálogo interno respecto a estos mensajes ("gracias, ya lo sabía" o "esa es tu opinión").

8. Ejercicio de la tabla de los feedbacks para eliminar las ilusiones. Este ejercicio consiste en recoger por escrito todos los *feedbacks* sobre la conciencia cinestésica, datos proporcionados por el entrenador, los compañeros, los adversarios, el público, el resultado, tus sensaciones positivas después de competir, tus cambios situacionales. Escribir estos datos te permite tener una visión más clara de la situación, evitando errores de sobreestimación o subestimación.

EJERCICIOS GRUPALES PARA EL ENTRENAMIENTO DE LOS PUNTOS DE FUERZA

1. Ejercicio del lema del equipo. Todos los miembros del equipo se reúnen en círculo y escriben sobre un folio el que consideran que es su mayor punto de fuerza. Después de esto, se recogen los folios y se lee en voz alta lo que todos los miembros del equipo han escrito. A continuación, se identifican los tres puntos de fuerza más recurrentes, que se convertirán en los puntos de fuerza del equipo. Basándose en ellos, el equipo debe encontrar un lema o un eslogan que los una, y usarlo como ritual de activación antes de la competición. Este procedimiento se observa frecuentemente en los equipos que practican deportes de contacto (como rugby o fútbol americano) y en el ejército.

EL TERCER ATRACTOR: E DE ENERGÍA

Podemos definir a la energía como *el uso activo de la fuerza. Es un momento del procedimiento operativo que representa la potencia en el aumento de la acción vital de una parte del organismo.*

ASPECTOS TEÓRICOS Y REFERENCIAS A LAS NEUROCIENCIAS

Cuando uso a la perfección la energía, veo. A menudo, en el lenguaje común, se puede decir que "se está ciego de ira", entendiendo que un uso excesivo de energía en una situación dada nos impide ver las cosas claramente. El atleta que entra en la SFERA y usa la energía justa, es capaz de ver lo que los demás no pueden percibir, como por ejemplo la posibilidad de alcanzar la victoria. El atleta que sabe dosificar de forma adecuada la energía utiliza un mecanismo de "imaginación perceptiva", que le permite ir más allá de lo conocido, casi como si pudiera prever lo que podría ocurrir en el momento de la competición.

Las personas que tienen una elevada energía tienden a describirse como muy dinámicas, activas, enérgicas, dominantes y habladoras. Por el contrario, las personas con baja energía tienden a describirse como poco dinámicas, poco enérgicas, sumisas y taciturnas. La energía está compuesta por subfactores como el dinamismo y la dominancia. El primero tiende a rela-

cionarse con comportamientos como la facilidad de palabra y el entusiasmo. El segundo se caracteriza por aspectos relacionados con la capacidad de imponerse, de sobresalir y de ejercer la propia influencia sobre los demás.

La expresión de la energía está vinculada con la voluntad, la cual permite canalizarla hacia una meta deseada. Cuando la pasión o la espontaneidad fallan debido a circunstancias puntuales, es precisamente la propia voluntad la que le permite al atleta continuar en su camino hacia el objetivo deseado. La voluntad rellena los agujeros de la pasión a través de la creación de reglas de comportamiento. Nuestro cerebro tiene la innata tendencia a permanecer involucrado en una meta prefijada. Esta fenomenología psíquica toma el nombre de efecto *Zeigarnik,* es decir, "la tendencia a recordar más fácilmente una tarea interrumpida o incumplida que una concluida". Esto ocurre porque, cuando no se consigue concretar una tarea, nos sentimos frustrados. La orientación de la energía es tanto un proceso consciente (alimentado por la voluntad) como inconsciente (alimentado por la pasión y la motivación). Todo lo que hagamos con pasión liberará energía segura y potente.

HISTORIAS Y METÁFORAS SOBRE LA ENERGÍA: EL CUENTO DE UNA TRAVESÍA

Como hemos visto, cuando se tiene el máximo control de la energía se ven cosas que antes no se podían ver. El psicólogo americano Mihaly Csikszentmihalyi, uno de los más famosos estudiosos del *flow,* cuenta la historia de lo que le ocurrió a Charles Lindberg durante su famosa travesía por el Atlántico. Una extraordinaria experiencia de máximo rendimiento.

«Mi camarote es pequeño y sus paredes finas: pero dentro de esta crisálida me siento seguro, a pesar de las fantasías de mi mente... Noto minuciosamente los detalles del camarote, sus aparatos, los mandos y las esquinas de construcción. Cada pieza proporciona un nuevo valor. Estudio las marcas de las soldaduras en los tubos... Un puntito de barniz fosforescente en el cuadrante del altímetro... La fila de válvulas del carburante... Todas estas cosas que antes nunca había considerado, ahora son evidentes e importantes. Puedo pilotar un complejo aeroplano o volar en el espacio, pero en este camarote estoy rodeado por la simplicidad y los pensamientos desvinculados del tiempo".

FASE DE ANÁLISIS DE LA ENERGÍA

La fase de análisis consiste en hacerse una serie de preguntas que pueden ayudarnos a entender si el problema presentado tiene que ver con un uso inadecuado de la energía, y a controlar si se han concluido todas las tareas pendientes; o si se pueden enderezar las energías hacia lo que se desea. Finalmente, sirven para valorar cómo interviene la voluntad en nuestro camino hacia el objetivo. Las preguntas que nos podemos hacer son las siguientes:

- ¿He concluido todo lo que había empezado o hay cosas pendientes que me quitan energía?
- ¿Estoy sintiendo las emociones que considero útiles para la competición?
- ¿Siento la presencia de mi campeón interior?
- ¿Estoy empleando la energía justa o a menudo me siento cansado y sin fuerzas?
- ¿Estoy percibiendo los problemas de la manera correcta? ¿Los estoy transformando en soluciones?
- ¿Me vienen las ideas correctas en el momento correcto?
- ¿Estoy haciendo lo de siempre o estoy cambiando algo?
- ¿Existen pensamientos que me distraen del objetivo haciéndome perder tiempo y energia?

- ¿Estoy haciendo las cosas de forma espontánea o me esfuerzo para conseguir hacerlas?
- ¿Estoy usando mi fuerza de voluntad como motor hacia la meta o es algo que ocurre naturalmente?
- ¿Tengo ganas de hacer lo que debo hacer o lo siento como un peso excesivo?

¿Qué favorece un buen uso de la energía? La energía está relacionada con la capacidad de control. Esto se ve en la fase de análisis, cuando el atleta declara que ya no se siente eficaz en gestionar el medio adoptado o ha perdido confianza en los materiales.

Para el desarrollo de la energía interviene la autorregulación, extraordinaria capacidad humana que no puede ser forzada, sino solo facilitada con visualizaciones en fase de relajación. En este sentido, es evidente por qué es mucho más eficaz para un golfista visualizar el golpe con su propio *swing* perfecto que golpear con la máxima fuerza posible. Los atletas "con diversidad funcional", que realmente son superatletas por su extraordinaria capacidad de transformar límites en posibilidades, basan su máximo rendimiento en la autorregulación es decir, en la perfecta gestión de la energía.

Más adelante veremos cómo la energía y el ritmo se completan el uno al otro en la acción deportiva, tanto que a veces pueden confundirse erróneamente.

Un ejemplo concreto del buen uso de la energía durante una competición deportiva nos viene dado por Phil Mickelson, golfista de fama internacional que describe su mejor estado mental para la competición de la siguiente manera: "Personalmente, para jugar al máximo en mi deporte, el golf, necesito jugar con agresividad. Necesito golpear la pelota. No presto atención a nadie más, porque no quiero que la diversión esté fuera de mi juego. No me interesa observar a los demás. El mejor juego sale de dentro de mí y ya está. Todo lo demás vale poco. No me importa si gana uno más fuerte. No puedo imaginar jugar al golf sin divertirme. Si soy paciente, la próxima vez ganaré yo".

¿Qué dificulta el desarrollo de la energía? Tener demasiadas "puertas abiertas" y dejar las tareas pendientes son los principales disipadores de energía física y mental.

¿Qué decirse para optimizar la energía? Las frases rimadas permiten al atleta acordarse de prestar atención a este factor, por ejemplo:"Estar en la línea de la energía es la más bella alegría".

FASE DE OPTIMIZACIÓN DE LA ENERGÍA

Procederemos con una serie de ejercicios que tienen como objetivo favorecer una adecuada regulación de la energía y evitar condiciones en las que nos percibamos agotados y sin fuerzas.

EJERCICIOS INDIVIDUALES PARA EL ENTRENAMIENTO DE LA ENERGÍA

1. Ejercicio de relajación muscular progresiva. Este ejercicio está inspirado en el entrenamiento de relajación muscular propuesto por Jacobson. En un estado de tranquilidad, toma conciencia de todos los grupos musculares, empezando por los pies y llegando hasta la cara. Para favorecer el nivel justo de contracción muscular, primero procede a contraer todo lo que puedas cada grupo para, posteriormente, proceder a la fase de máxima relajación. De este modo, es posible liberar todas las tensiones físicas que crean gastos de energía inútiles.

2. Ejercicio de Stanislavskij para la segmentación del movimiento de los grupos musculares. Este ejercicio tiene el objetivo de hacernos conscientes de los músculos involucrados en cada acción, con el fin de

utilizar solo los realmente necesarios. Primero, identifica una acción sencilla como, por ejemplo, agarrar un vaso de agua y llevarlo a tu boca. A continuación, concéntrate en comprender qué músculos son los realmente necesarios para realizar esta acción. Después, controla el cuerpo y trata de relajar el resto de los músculos que no estén implicados en la acción. Es interesante notar cómo, a veces, en el simple intento de llevar un vaso a la boca, contraemos grupos musculares absolutamente inútiles en ese momento como, por ejemplo, glúteos y gemelos.

3. Ejercicio del juego de roles. Este ejercicio consiste en ponerte de pie, focalizar la atención en una experiencia concreta e imaginar dos puntos diametralmente opuestos en el suelo. Estos representarán el excesivo o escaso uso de la energía disponible. Por ejemplo, es posible, en una situación dada, imaginar un estado de aburrimiento (poco uso de energía) opuesto a uno de ansiedad (uso excesivo de energía). El atleta tendrá que valorar cómo de distantes están estos dos puntos y, haciendo dialogar a las dos partes, ansiedad y aburrimiento, tendrá que llegar a un acuerdo. Así, deberá encontrar, a través del diálogo interior y realizando desplazamientos desde un punto a otro, un estado intermedio que podríamos definir como "estar listo para...". Este ejercicio favorece conseguir la mejor alianza entre las partes, es decir, una justa expresión de la energía.

4. Ejercicio de la matriz de energía. Aquí, tienes que trazar una cruz en un folio, dejándolo dividido en cuatro cuadrantes. En la mitad izquierda considera los aspectos de tu vida profesional, mientras que en la derecha indica aspectos de tu vida personal. En el cuadrante superior escribe aquello que te da energía (tanto en la vida profesional como en la personal) y en el inferior indica aquello que te quita energía. Al final, tendrás una lista de cosas, eventos y situaciones con la que podrás realizar un simple balance. Evalúa si lo que te quita energía se compensa con todas las cosas que te dan energía y si hay aspectos de tu vida que te llevan al desequilibrio.

5. Ejercicio del globo. Infla un globo hasta que puedas tenerlo cómodamente entre tus manos. Pon música de fondo, cierra los ojos y concéntrate en percibir a través de tus manos las vibraciones que la música produce en el globo. Trata de encontrar la presión justa en la membrana para que puedas percibir todos los armónicos de la música. Al finalizar, antes de volver a abrir los ojos, fíjate en la presión que estás ejerciendo sobre el globo. Fíjate si tiendes a apretarlo fuerte, empleando mucha energía, o si tus manos son ligeras y utilizan la intensidad justa.

6. Ejercicio de la energía óptima. Recuerda una experiencia en la que te encontraste a tu máximo rendimiento, en la que te divertiste y sentiste que estabas utilizando tu energía de la mejor forma posible. Una vez que hayas evocado la imagen del evento y hayas podido revivir las sensaciones experimentadas, haz un dibujo dejándote guiar por tu inconsciente. Este puede ser utilizado como una señal posthipnótica que te ayude a reconducirte hacia el camino del buen uso de la energía.

7. Ejercicio de la fuerza de voluntad. Entrénate en cambiar un pequeño hábito cada día. Por ejemplo, lavarte los dientes con la mano opuesta, cambiar el recorrido para ir al trabajo, escuchar solamente un instrumento dentro de una pieza musical.

8. Ejercicio de controlar solo lo controlable. Coge un folio y divídelo en dos columnas. En la de la derecha escribe todo lo que tienes que hacer a largo plazo

para alcanzar un objetivo deseado (descanso, buena alimentación, entrenamiento, etc.) y, en la otra, todo lo que puedes hacer a corto plazo (óptima presencia de los atractores SFERA, diálogo interno, visualización de un evento, etc.). Una vez que hayas redactado las dos listas, indica al lado de cada punto si ese factor está bajo tu control directo o si depende de la intervención de otras personas. Valora si estás malgastando energía o descuidando algo que depende estrictamente de tu responsabilidad.

EJERCICIOS GRUPALES PARA EL ENTRENAMIENTO DE LA ENERGÍA

1. Ejercicio de cerrar los ojos y sentir la energía de los demás con el hemisferio emocional. Adopten una posición en círculo, pudiendo usar una música de fondo, y con los ojos cerrados, concéntrense en las sensaciones que perciben, imaginando la energía que procede de cada uno de los compañeros.

EL CUARTO ATRACTOR: R DE RITMO

Podemos definir al ritmo como *la sucesión ordenada de los intervalos de tiempo en la música, en la poesía, en el movimiento; es la forma asumida por aquello que está en movimiento.*

¿Cuál es la diferencia entre energía y ritmo? Que la energía es la dimensión de la cantidad y el ritmo, la dimensión de la calidad. Por ejemplo, imagina tener que clavar un clavo en la pared teniendo a tu disposición el mejor martillo y el mejor clavo posible. Si tienes poca energía, no llegas a clavarlo, y si tienes demasiada, corres el riesgo de romper el clavo en la pared. El ritmo es aquello que genera el flujo correcto en la secuencia de los movimientos, la justa alternancia entre sujetar el clavo y golpearlo con el martillo.

ASPECTOS TEÓRICOS Y REFERENCIAS A LAS NEUROCIENCIAS

El ritmo interviene y condiciona cada sector de la vida y del conocimiento humano. Es considerado un *patrimonio universal* y la "estructura que conecta". No es casualidad que las mejores relaciones entre las personas se caractericen por un flujo natural de energía, por un ritmo ideal.

El sentido del ritmo no tiene una ubicación anatómica precisa, sino que hay varios órganos que intervienen en su codificación. Este es innato en cada uno de nosotros, pero puede ser entrenado, ya que está sujeto a las leyes de aprendizaje. No debemos pensar que es solo el sonido lo que permite entrenar el ritmo, también la vista, por ejemplo, constituye un medio a través del cual podemos percibirlo. Es suficiente observar dos manos tocando un piano, una persona moviéndose, bailando o a un deportista en acción.

Muchos autores han hablado acerca de la importancia del ritmo. Platón lo describe como "la organización del movimiento"; Couvelier como "el orden en la sucesión de la duración"; D'Indy se suma a la definición anterior y lo toma como "el orden y la proporción en el tiempo y en el espacio"; y Sitwell confirma que "es uno de los principales elementos de transición entre sueño y realidad; podríamos decir que es, para el mundo del sonido, lo que la luz es para el mundo de las imágenes. Da forma y confiere un nuevo significado". Para la entrada en la SFERA nos interesa entender al ritmo como acto motor, siguiendo la concepción de Dalcroze, quien asegura que "es la forma que adopta aquello que está en movimiento".

La idea de ritmo como *flujo* nos resulta muy útil en la Psicología del Deporte, porque favorece la armonía, como veremos en la experiencia del esquiador Giorgio Rocca.

Relacionada con el ritmo se encuentra la idea de *euritmia*, término antiguo ya usado por los griegos que indica la coordinación entre sonidos, ritmo y movimiento. Eurítmico es el abrazo que une a la madre con el bebé, en esa afectuosa acogida que tiene lugar mientras lo alimenta y acuna, balanceándose, sin darse cuenta, con el mismo movimiento que el pequeño había conocido en el vientre materno. A menudo, este balanceo viene acompañado de un canto, incluso de un tarareo, que hace vibrar el cuerpo materno y, por resonancia, también el del niño. De hecho, el sonido (así como el ritmo) está relacionado con el sistema propioceptivo y con el somestésico (sensibilidad propioceptiva visceral). Oímos los sonidos y percibimos las emociones y las sensaciones tanto escuchando música como realizando movimientos rítmicos.

Además, el ritmo está vinculado con las emociones, las cuales nos ayudan a descifrar el mundo. Así, nuestras elecciones están relacionadas con las emociones que experimentamos en el presente o hemos experimentado en el pasado y ayudan al cerebro a elegir los datos que pueden tener consecuencias positivas o negativas para nuestro comportamiento.

Otro aspecto más sobre la importancia del ritmo, especialmente útil en el estudio de la psicología del máximo rendimiento, tiene que ver con los *ritmos ultradianos*; es decir, los ritmos propios del organismo que se repiten "más de una vez al día". Por ejemplo, el corazón palpita a un ritmo ultradiano de aproximadamente 86 000 veces al día; inspiramos y expiramos 22 000 veces al día.

Ernest Rossi, una de las figuras más representativas de la gran tradición hipnoterapéutica americana, se ha ocupado del estudio de los ritmos ultradianos de 90 a 120 minutos y de las pausas de 20 minutos entre un ciclo y otro. Estos ciclos fundamentales de reposo-actividad, modulan muchos de los sistemas claves de la mente y del cuerpo, como el estado de alerta mental, el humor y la creatividad, la energía, el apetito, el rendimiento físico, la memoria y la excitación sexual. Órganos, glándulas, músculos, sangre, hormonas y sistema inmunitario vienen atravesados por una rica "sinfonía ultradiana" de actividad que alcanza células y genes. La totalidad del organismo sigue la llamada de estos ritmos de 90 a 120 minutos de duración, aproximadamente seis a ocho veces al día, durante el estado de vigilia. En la primera hora de estos ritmos, experimentamos una ola de creciente agudeza y reactividad mental, física y energética.

La memoria y la capacidad de aprendizaje alcanzan el máximo rendimiento ultradiano, así como su máxima capacidad de abordar el mundo circundante. En los siguientes 15 o 20 minutos, descendemos al punto más bajo del rendimiento, durante el cual, normalmente, nos apetece descansar. En esta fase, muchos de los sistemas corporales y mentales se dirigen hacia el interior, buscando comodidad y recarga para encarar un nuevo esfuerzo. Nuestra mente consciente se desapega de los compromisos externos para dar a sus partes más profundas la posibilidad de recargarse y reorganizarse. Esto se denomina *respuesta ultradiana de curación*.

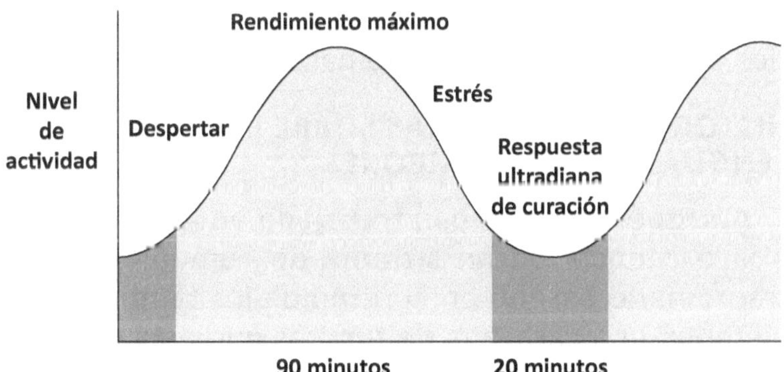

Imagen tomada de E.L. Rossi, D. Nimmons, Autorregulación del sistema mente-cuerpo. Los ritmos ultradianos y las pausas de 20 minutos, *Astrolabio, Roma 1993.*

Cuando ignoramos crónicamente esta necesidad durante días, meses, incluso años, interrumpimos los ritmos ultradianos naturales de revitalización de la mente y del cuerpo. De esta manera, estamos sentando las bases para la fatiga, la tensión y el desarrollo de problemas psicosomáticos; y en el deporte, podemos caer fácilmente en una condición de *overtraining*.

Por lo tanto, el efecto más significativo del ciclo ultradiano de actividad/descanso se obtiene diariamente sobre las capacidades mentales y físicas de rendimiento, aprendizaje y resolución de problemas.

En la actividad deportiva y en la búsqueda del máximo rendimiento, el atleta debe recordar el simple principio que hace referencia a la atención sobre el ritmo y que define el estado de máximo rendimiento. Este dice lo siguiente: "Si quieres obtener el máximo de ti mismo, *eleva las cimas y hunde los valles*".

Como se refleja en la imagen, elevar las cimas significa tratar de hacer cada vez más cuando estamos en la fase creciente de la activación; mientras que hundir los valles significa permitirse no hacer absolutamente nada en la fase de desactivación, dejando que esta impregne completamente la mente y el cuerpo. De este modo, se permite que el nuevo ciclo se active mejor. La fase de desactivación se identifica como "fase de trance naturalístico", una condición de trance hipnótico espontáneo y necesario para nuestro organismo.

HISTORIAS Y METÁFORAS SOBRE EL RITMO: EL LENGUAJE DE LOS TAMBORES

Antropólogos que han trabajado en África refieren a la existencia de un sistema de comunicación extraordinario basado en el ritmo de los tambores. Por ejemplo, una caravana de turistas que está cruzando una aldea viene anunciada muy rápidamente, hasta las zonas más lejanas del país, a través del ritmo acústico producido por el tambor. Esto nos hace suponer que el ritmo es un lenguaje capaz de transmitir significados sin el uso de las palabras. Después de muchos debates sobre el significado de tal fenómeno, gracias al testimonio de un indígena africano se ha llegado a la conclusión de que la recepción de los ritmos del tambor viene acompañada de la visión del movimiento de quien lo toca que, como una especie de danza, puede ser visualizado y comprendido. En otras palabras, cuando el músico toca el tambor rítmicamente, crea una imagen que transmite a su "interlocutor" a través del sonido. Y, a su vez, el destinatario del mensaje recibirá la imagen mental únicamente a través del ritmo del tambor.

FASE DE ANÁLISIS DEL RITMO

Procedamos con una lista de preguntas sobre nuestra posición respecto al ritmo.

1. ¿Dónde percibes que está, dentro de tu cuerpo, el centro de tu ritmo?
2. ¿Percibes como sencillo, agradable, divertido lo que estás a punto de hacer?
3. ¿Está tu atención focalizada en la parte de tu cuerpo que representa el centro de tu ritmo o estás distraído por estímulos externos?
4. ¿Tu respiración es calmada y regular o la percibe rápida y entrecortada?
5. ¿Los movimientos de tu cuerpo son fluidos y armónicos o nerviosos y segmentados?
6. ¿Tienes la sensación de moverte más rápido de lo normal?
7. ¿Tienes la sensación de estar nervioso por el desempeño que tienes que realizar?

¿Qué favorece el ritmo? Solo cuando estamos en el ritmo justo es posible visualizar la representación correcta del movimiento y activar los mecanismos ideoplásticos que caracterizan nuestro cerebro. Para saber si estamos en armonía con el sentido del ritmo, además de nuestra vida deportiva, también podemos

utilizar como referencia nuestra vida personal y profesional. El buen ritmo favorece la capacidad de usar la mejor táctica posible, de cambiarla a tiempo si fuera necesario y, en general, ayuda a alimentar la mejor estrategia. Además, adquirir ritmo es una gran ventaja desde el punto de vista energético; tan solo piensa en los efectos beneficiosos de una buena respiración.

¿Qué dificulta el desarrollo del ritmo? Hay algunos indicadores que nos permiten saber cuándo estamos fuera de ritmo, por ejemplo, cuando nos damos cuenta de que las ideas nos llegan tarde, o cuando somos conscientes de que, a menudo, estamos atrasados en el trabajo o en el entrenamiento, olvidándonos siempre de hacer algo. De hecho, en la práctica, si no hay ritmo es como si siempre nos faltara un ingrediente que tenemos que añadir laboriosamente en el último momento. Un grave autoengaño consiste en evaluar nuestro flujo de pensamiento, examinando solamente los pensamientos que confirman nuestras propias expectativas, dejando de lado otros que, aunque desagradables, son portadores de soluciones y no de ilusiones.

¿Qué decirse para entrar en el ritmo justo? Cada uno de nosotros tiene canciones o melodías que lo emocionan: reproducirlas mentalmente es de gran utilidad para encontrar el ritmo justo.

FASE DE OPTIMIZACIÓN DEL RITMO

Es importante reconocer nuestro propio *centro del ritmo,* comprender dónde lo percibimos y dónde nos gustaría percibirlo en condiciones ideales. Tengamos presente que cuanto más armónico sea nuestro ritmo, mayores serán nuestros recursos disponibles.

Como hemos visto, el ritmo y la energía están estrechamente relacionados el uno con el otro, tanto como para llegar a confundirlos. Los ejercicios que proponemos a continuación se caracterizan por trabajar el potenciamiento de ambos, aunque se centran mayormente en el primero.

EJERCICIOS INDIVIDUALES PARA EL ENTRENAMIENTO DEL RITMO

1. Ejercicio del columpio o mecedora. Siéntate en una mecedora de modo que tu torso oscile de adelante hacia atrás. Ahora imagina que estás sentado en un columpio (puedes recordar uno de tu infancia). Con tu imaginación, reproduce el movimiento del columpio y acompáñalo con el de tu torso hasta que encuentres un ritmo agradable y divertido que posibilite un estado de concentración. Mantenlo durante algunos minutos. Para identificar el ritmo ideal en este ejercicio, basta con pensar que, si te columpias demasiado fuerte, hay peligro de que te caigas; mientras que, si vas demasiado lento, puedes aburrirte. El impulso y el ritmo son indicadores de placer y diversión.

2. Ejercicio de la justa respiración con el Chi bajo. Este ejercicio, que tiene su origen en la filosofía oriental de la preparación para los combates, consiste en experimentar una técnica diferente de respiración. Inspira imaginando que la idea alcanza la zona del bajo vientre. Una vez que lo tengas hinchado por completo, comienza a respirar lentamente, aunque concentrándote siempre en tener hinchado el bajo vientre, incluso durante las espiraciones. Entonces, sucede que, si se lleva un ritmo muy veloz, no es posible continuar el ejercicio y se corre el riesgo de generar un estado de hiperventilación.

3. Ejercicio de reconocimiento de los ritmos ultradianos. Basándote en lo que se ha descrito anteriormente, puedes entrenarte para reconocer las señales de pausa de tu cuerpo, ayudándote así, mediante ejercicios de respiración y relajación, a "hundir los valles".

4. Ejercicio del globo. Nuevamente se puede utilizar, como ya se ha descrito para la energía, un globo inflado de modo que sea posible tenerlo entre las manos. Esta vez no utilizaremos la música, sino que nos concentraremos en el ritmo de nuestra propia respiración y en cómo esta se transmite a la membrana del globo. Después de unos minutos de concentración, percibirás el ritmo de tu respiración a través de los movimientos de la mano sobre el globo. Cada inspiración viene acompañada por un apretón en la membrana del globo; mientras que en cada espiración se afloja el agarre. Este ejercicio nos permite captar el ritmo de nuestra respiración, entrenándonos para modificarla según nos plazca.

5. Ejercicio para identificar el ritmo de la persona que tengo enfrente. En este caso, realizaremos el mismo ejercicio anterior, pero en pareja, apoyando las manos de ambos en el mismo globo. Al concentrarnos en las vibraciones transmitidas a través de los movimientos de las manos, se puede percibir el ritmo de la persona que tenemos delante y, si queremos, podemos tratar de sincronizarnos. Este ejercicio es útil para personas que practican deportes en pareja, como la danza o el patinaje.

6. Ejercicio del metrónomo. Para este ejercicio se necesita un metrónomo y un folio donde poder escribir una frase, quizás una escogida de una canción que nos emociona especialmente. Elige un ritmo en el metrónomo y empieza a escribir la frase, sincronizando la escritura de cada palabra con cada golpe del metrónomo. Al final, valora si el ritmo elegido es demasiado lento o demasiado rápido respecto a tu ritmo ideal para escribir la frase y regúlalo hasta encontrar el adecuado. Es importante recordar que cada acción tiene un ritmo ideal que nos permite realizarla mejor. También intenta encontrar el ritmo justo en las acciones cotidianas, por ejemplo, combinando este ejercicio con el de la segmentación de los movimientos de los grupos musculares, indicado para el entrenamiento de la energía.

7. Ejercicio de la fotografía. Es necesario pensar en un momento de una actuación deportiva que queda inmortalizado en un fotograma, como si fuera una fotografía. Utilizando el metrónomo y manteniendo esa imagen en tu mente, trata de encontrar el ritmo con el que viviste ese preciso momento. Después puedes valorar si este corresponde con el ritmo ideal con el cual te gustaría haber vivido ese momento.

8. Ejercicio del ritmo de las emociones. Utiliza nuevamente el metrónomo y establece un ritmo muy rápido. Concéntrate en el sonido e intenta identificar la emoción que te provoca este ritmo. En un folio, escribe la emoción y la velocidad correspondiente. Ralentiza y acelera el ritmo, y sigue identificando las diferentes emociones que te generan. Es interesante descubrir, por ejemplo, qué ritmo está relacionado con la rabia, el miedo y la alegría.

9. Ejercicio de las líneas paralelas. Empezando por la parte superior izquierda, dibuja en un folio el mayor número posible de líneas paralelas en un tiempo de cinco minutos. Poco después de empezar a dibujar, notarás que se desencadenará un patrón propio para realizar esta actividad, el cual surge del ritmo que se manifiesta en este ejercicio. Una vez reconocido este ritmo, puedes cambiarlo para aumentar la producción de líneas y también mejorar la ejecución de esta actividad en un sentido cualitativo.

EJERCICIOS GRUPALES PARA EL ENTRENAMIENTO DEL RITMO

1. Ejercicio de autorregulación de equipo. Todos los miembros del grupo deben colocarse en círculo, posicionándose hombro a hombro y mirando hacia el centro del mismo. Teniendo cuidado en mantener el contacto con el de al lado, cierren los ojos y empiecen a oscilar lentamente de adelante hacia atrás, hacia a la izquierda o hacia la derecha. Lo que el equipo debe hacer es encontrar un ritmo común de oscilación. Al final, todos y cada uno de los atletas deberán moverse en la misma dirección y con la misma velocidad: en ese momento, el equipo habrá encontrado su ritmo óptimo. Si una sola persona no sigue el ritmo de los demás, el movimiento sincrónico y el ritmo colectivo serán imposibles.

EL QUINTO ATRACTOR: A DE ACTIVACIÓN

Podemos definir la activación como el hecho de *poner en acción, hacer operante, activo. El estado que tiene la virtud y principio de operar eficazmente.*

La activación tiene que ver con la pasión que guía las actividades que realizamos; es el motor motivacional, la máxima expresión de la pasión que permite al atleta superar los límites, entrenarse duramente, continuar a pesar del sufrimiento y volver a empezar después de una lesión. Refuerza la identidad y hace sentir "completa" a la persona que la experimenta. Es esa fuerza interior que alimenta, cada día, el sueño del atleta, que endereza nuestro comportamiento, que genera armonía y equilibrio en el hacer y en dirigirnos hacia la experiencia deseada. Cada acto de voluntad tiene la posibilidad de tener éxito, si está alineado con el aspecto pasional de quien lo realiza. En esta dimensión se usan, al máximo nivel y con naturalidad, ambos hemisferios del cerebro. Es una dimensión emocional que solo se puede describir de forma aproximada.

Generalmente, el estado de activación está relacionado con un gesto, con una señal de activación que tiene el objetivo de hacer sentir preparado al atleta, de hacerle tomar consciencia de que acaba de realizar el ritual necesario para la experiencia que está a punto de consumar. El ritual consolida todas las creencias racionales y, si está bien estructurado, conduce hacia un estado de extraordinaria conexión mente-cuerpo, un estado de *autohipnosis* que nos permite trascender la conciencia ordinaria y entrar en una nueva dimensión. En esta última, nos transformamos de "cosa actuante" en "acto cosante"; es decir, nos convertimos en la acción inherente al movimiento atlético. Podemos decir que el ritual nos permite pasar de una atención racional hacia el rendimiento, a una dimensión mayormente emocional, donde todo (pensamientos, emociones, sensaciones, movimientos) ocurre de manera automática, tanto que tenemos la sensación de ser una sola cosa con lo que estamos haciendo o con el medio que estamos utilizando. Por ejemplo, pensemos en el motociclista que durante la carrera, dado el nivel óptimo de activación, percibe la moto como una extensión natural de su propio cuerpo, perfectamente controlada por su propia mente. Podríamos decir que la activación corresponde a la completa alianza entre todas las partes que componen la identidad del atleta.

HISTORIAS Y METÁFORAS SOBRE LA ACTIVACIÓN: EL ASCENSO A LA TORRE

Estar activos y preparados es un poco como ascender por una torre imaginaria. Cuando nos encontramos en el piso bajo, somos parte de las relaciones que estamos viviendo, involucrados racional y emocionalmente. Subiendo al primer piso, podemos observar las relaciones entre las personas y nos sentimos observadores partícipes. Continuando el hipotético ascenso, llegamos al segundo piso, desde el cual podemos tener una visión de muchas más relaciones, incluso lejanas, y nos convertimos en observadores de diferentes sistemas. Al llegar a lo alto de esta torre, podemos observar el mundo más allá de los límites compartidos e imaginados; podemos percibir el ritmo que lo une todo y la realidad desde una perspectiva más elevada.

En este estado, podemos tener la extraordinaria conciencia de ser observadores y, a la vez, de participar en la escena. Es difícil entender desde aquí dónde empieza una cosa y dónde acaba la otra, pues todo se une en una dimensión prevalentemente emocional. Este es el estado de máxima activación que cada uno de nosotros hemos vivido al menos una vez, aunque de forma casual, mientras contemplábamos increíbles paisajes.

FASE DE ANÁLISIS DE LA ACTIVACIÓN

A diferencia de los otros atractores de la SFERA, aquí no hay preguntas para hacerse, sino que hace falta dejar de lado la racionalidad y concentrarse en las sensaciones y en las emociones: todo tiene que ser automático. Esta es la dimensión de la "no mente" por excelencia, una especie de activación holográfica donde cada parte contiene el todo y viceversa.

Lo que sí hay que verificar es el *nivel pasional*, que tiene como sinónimos el juego, la emoción, el placer de vivir estas sensaciones, que deben reforzar la identidad del atleta, gratificándolo. Aun así, antes de la activación, habrá que verificar los siguientes puntos:

1. ¿He hecho todos los pasos?
2. ¿Estoy listo para dejar espacio a mi campeón interior

3. ¿Siento, veo, percibo que estoy en la SFERA del máximo rendimiento?

¿Qué favorece la activación? Repasar todas las señales normales de preparación y averiguar si están las sensaciones y las emociones adecuadas. Es bien sabido que en las artes marciales, ya en el momento en que los atletas suben al *tatami,* se decide consciente e inconscientemente quién de los dos contrincantes ganará el combate. Esta anticipación del resultado se basa, principalmente, en informaciones emocionales que llegan de forma no racional a la mente del atleta.

¿Qué dificulta el desarrollo de la activación? La activación es una tarea de la mente irracional. A veces ocurre que los atletas, con vistas a una competición importante, al despertarse por la mañana, ya tienen clara la sensación de cómo va a acabar. En este caso, se genera una *profecía autocumplida,* pero lo importante es tener siempre la posibilidad estratégica de cambiarla. Esto significa saber entrar en la SFERA del máximo rendimiento, independientemente de que la profecía sea positiva o negativa.

¿Qué decirse para favorecer la activación? Es importante evidenciar la propia intención de moverse *hacia* el objetivo deseado.

FASE DE OPTIMIZACIÓN DE LA ACTIVACIÓN

Para poder desarrollar plenamente estos ejercicios, es necesario dejar mucho espacio a la parte emocional de nuestro cerebro, liberar la fantasía y la imaginación y disminuir la crítica.

EJERCICIOS INDIVIDUALES PARA EL ENTRENAMIENTO DE LA ACTIVACIÓN

1. Ejercicio de la creación de un ritual de activación (señal posthipnótica) de conexión mente-cuerpo. Al entrar en un estado de trance hipnótico, es posible

perseguir las mejores sensaciones que el atleta ha experimentado en su mejor rendimiento. Para lograr esto, hay que pedirle que identifique una señal significativa: a esta señal se anclan todas las sensaciones experimentadas anteriormente. A través de un mando posthipnótico, se ayuda al inconsciente del atleta a recordar, cada vez que active esta señal, ese preciso estado mental de máximo rendimiento, hasta que se convierta en un verdadero ritual precompetición.

2. Ejercicio de las características del inconsciente. En este ejercicio podemos retomar el esquema sobre las diferencias entre mente consciente e inconsciente, propuesto en la página 39, y leérselo al atleta bajo inducción hipnótica. Hay que reforzar el concepto de que el inconsciente sabe exactamente cuál es la activación justa y necesaria para la competición.

3. Ejercicio del centro de activación. En una posición cómodamente relajada, cierra los ojos y concéntrate en la respiración y en las sensaciones corporales. Imagina que tu cuerpo es atravesado por un eje que empieza en la parte superior de tu cabeza y llega hasta la extremidad inferior de tus pies. Visualízalo y escucha las sensaciones que fluyen a lo largo de este eje. Después de eso, imagina otro eje que atraviesa tu cuerpo horizontalmente, desde la extremidad derecha hasta la izquierda. Concéntrate en las sensaciones generadas. Ahora siente el lugar exacto en el que los dos ejes se cruzan, que corresponde al punto donde se perciben las mejores sensaciones posibles. Ese punto se convertirá en un punto atractor, en donde podrás percibir el centro de la activación óptima.

4. Ejercicio de las palabras de la diversión. En un folio, escribe una serie de palabras que te recuerden las situaciones divertidas del deporte que practicas. Compara la lista con las palabras utilizadas por los atletas para describir su estado de máximo rendimiento (véanse las páginas 60-61). ¿Hay palabras en común? Si la respuesta es no, puedes tratar de cambiar la representación mental de la actividad deportiva empezando por un nuevo lenguaje que favorezca una dimensión más emocional que racional.

5. Ejercicio del péndulo. Este ejercicio, que se basa en los mecanismos ideoplásticos de nuestro sistema nervioso, favorece el entrenamiento de la conexión mente-cuerpo. Toma un péndulo con un peso de aproximadamente 30 gramos y sujétalo suspendido en el aire, con el brazo inmóvil apoyado en tu pierna, en una posición sentada. Es fundamental que la posición adoptada permita una absoluta inmovilidad del brazo y de la mano. A continuación, concentra la atención en un círculo; imagina que haces girar al péndulo en el aire, como si dibujaras el círculo imaginado. Si necesitas ayuda, puedes dibujar un círculo sobre un folio y apoyarlo en el suelo. Cuando entres en un estado de máxima conexión mente-cuerpo, sucederá que, teniendo tu brazo inmóvil, el péndulo comenzará a moverse en círculos; pero si tienes la mente abarrotada de pensamientos racionales o distraída con otros objetivos, el péndulo permanecerá inmóvil.

6. Ejercicio de los "disparadores" (triggers). En un estado de relajación, visualiza alguna cosa que realmente vayas a hacer la noche anterior a la competición. Una vez que la hayas identificado, haz emerger todas las sensaciones agradables: esto generará una conciencia de estar preparado y de tener todos los recursos a tu disposición. Así, realizando la acción visualizada antes de la competición, será más fácil recordar las sensaciones agradables. Seguidamente, hay que proceder del mismo modo identificando la secuencia de cosas que vayas a hacer durante la mañana de la competición. De esta forma, crearás en tu mente de

campeón el camino ideal hacia las sensaciones que te permitirán alcanzar el objetivo deseado.

7. Ejercicio de la observación de campeones de otros deportes. Este último ejercicio se basa en observar a atletas que practican otras disciplinas deportivas. Obsérvalos durante su rendimiento deportivo, ya sea en directo o por televisión, y trata de entender su forma de entrar en la SFERA; es decir, todo aquello que hacen para alcanzar el estado mental de máximo rendimiento.

EJERCICIOS GRUPALES PARA EL ENTRENAMIENTO DE LA ACTIVACIÓN

1. Ritual de grupo. El ejemplo más clásico de activación en equipo es la famosa danza maorí de la selección nacional neozelandesa de rugby, All Blacks. Estos rituales, a menudo malentendidos y confundidos con la superstición o con el espectáculo, tienen en realidad un significado preciso para el equipo. Las palabras recitadas por los All Blacks durante el Haka llevan a los jugadores hacia un estado mental de guerreros listos para hacer frente al desafío, seguros de vencer, con la sensación de estar preparados para todo y perfectamente activados. Cada equipo, de modo más o menos evidente y consciente, posee colores y consignas que refuerzan la unidad y establecen la entrada en competición.

EJEMPLOS DE LAS VARIAS FORMAS DE LA SFERA

Ahora que hemos definido con precisión la dimensión de cada atractor de la SFERA, veamos cómo aplicar el acrónimo de manera sencilla y eficaz a las fases de análisis y optimización. El objetivo es proporcionar al lector la posibilidad de hacer el autodiagnóstico del que hemos hablado, en cada ocasión en la que se presente algún desempeño a realizar.

Muchos deportistas tienen el hábito de llevar una agenda donde, cada día, realizan una valoración de su propia SFERA del máximo rendimiento, usando la siguiente simbología.

El signo **+** al lado de un factor indica que este representa un punto de fuerza, que ese factor es adecuado a la situación y, por lo tanto, hay que mantenerlo a ese nivel. En este caso, las respuestas del autodiagnóstico son todas positivas y alineadas con el objetivo.

El signo − indica que el factor es un punto débil, no adecuado a la situación, fuera de control y que influencia de forma negativa el rendimiento. Si las respuestas a las preguntas de autodiagnóstico son negativas, es necesario actuar sobre este factor con absoluta prioridad respecto a cualquier otra acción.

El signo +/− indica una situación intermedia relativa al factor considerado, una condición de posible mejora, aunque no todo sea negativo. En este caso, las respuestas a las preguntas del autodiagnóstico son mitad positivas y mitad negativas. Es útil actuar sobre este factor cuando se hayan solucionado los problemas relacionados con otros eventuales factores más débiles (o negativos).

La modalidad de optimización puede basarse en los ejercicios propuestos o en la creatividad personal del atleta que actúa sobre sí mismo, así como de quien se encarga de cuidar el aspecto psicológico, con el objetivo de crear una SFERA perfecta, conformada solo por signos positivos con respecto a los factores que la componen.

La tabla presentada a continuación puede ser usada como "cuaderno de bitácora", como un sistema de navegación hacia la construcción de la SFERA, y debe representar el "panel de control" de las herramientas de cada atleta. En definitiva, recoge el método utilizado. Personalización y creatividad son elementos

Ficha de resumen para la construcción de la SFERA del máximo rendimiento

Factor	Nivel inicial (análisis)	Acciones a realizar (optimización)	Modalidad de verificación de la mejora	Acciones a realizar siempre (mantenimiento)	Nivel final
Sincronía					S+
Puntos de fuerza					F+
Energía					E+
Ritmo					R+
Activación					A+

Factor	Nivel inicial (análisis)	Acciones a realizar (optimización)	Modalidad de verificación de la mejora	Acciones a realizar siempre (mantenimiento)	Nivel final
Sincronía	–	• Ejercicios sobre hacer e imaginar • Ejercicios para *self talk*	• Sensaciones positivas • Resultado en el campo	• Control del self talk y autoconciencia	S+
Puntos de fuerza	+/–	• *Model training*	• Sensación de mayor potencia	• Conciencia de los puntos de fuerza	F+
Energía	+				E+
Ritmo	–	• Chi bajo • Globo	• Sensación de fluidez del movimiento	• Supervisión del flujo de los propios movimientos	R+
Activación	+				A+

absolutamente deseables y que constituyen un valor añadido al camino emprendido.

Veamos cómo rellenar la ficha resumen. Pongamos el caso de un atleta que tiene como problema principal la ansiedad precompetición. Su ficha podrá ser similar a la siguiente:

Ansiedad precompetición (ansiedad de rendimiento)

Análisis: **S −**
F +/−
E +
R −
A +

En este caso, las áreas de mejora tienen que ver con la sincronía y el ritmo, y en parte con los puntos de fuerza.

OPTIMIZACIÓN

- Aumentar **S** con ejercicios que dirijan la atención al aquí y ahora y entrenen la correcta gestión del *self-talk* (autodiálogo).
- Crear conciencia de **F** generando una *monoidea* relativa a las propias características completamente positivas, por ejemplo, las identificadas a través del *model training*.
- Encontrar el **R** óptimo mediante la respiración con el ejercicio del Chi bajo o con el del globo.

El análisis anterior es absolutamente hipotético e ilustrativo. Siempre es necesario e imprescindible hacer un análisis exhaustivo y contextualizado para cada atleta en particular, ya que cada uno tiene su propia configuración personal de la SFERA.

Es importante tener en cuenta que muchas veces lo que se piensa que es ventajoso para alcanzar un excelente resultado, en realidad, resulta perjudicial.

Por ejemplo, si haciendo un autoanálisis se descubre tener un déficit de energía, se puede poner en práctica una serie de ejercicios destinados a mejorar este factor. No obstante, si se incrementa demasiado, la esfera quedará de nuevo desequilibrada y el estado continuará sin ser el óptimo. Por lo tanto, es necesario que los cinco factores estén siempre en equilibrio entre ellos y que la esfera, a pesar del aumento de su tamaño, siga teniendo la forma que la hace perfecta. El máximo rendimiento está representado por la esfera en la que todos los puntos se encuentran a la misma distancia del centro. En caso de déficit en alguno de los cinco factores, esta cambiará y se convertirá en una elipsis doblada por un lado o por otro, arriba o abajo, según el elemento a mejorar.

La idea de potenciar al máximo los factores, volviéndolos dominantes, es simplemente una ilusión que no nos permite alcanzar el estado óptimo, ya que no es más que una nueva distorsión de la esfera.

Un ejemplo gráfico nos puede ayudar a comprender esto.

Primer caso: esta es una situación deseable. La SFERA aumenta de tamaño, no hay ningún desequilibrio y se mantiene la forma perfecta; es decir, ocurre la mejor relación entre todos los factores. En este caso, el ejercicio y el entrenamiento mental son los adecuados y el rendimiento mejora.

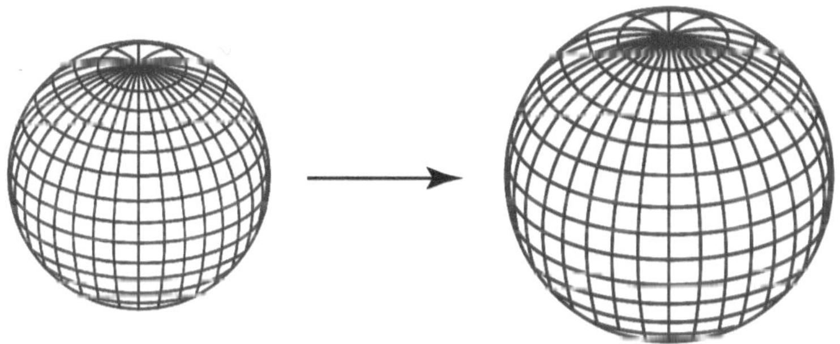

Segundo caso: la esfera aumenta de tamaño sin respetar la perfecta relación entre los cinco factores. Está desequilibrada. Esto quiere decir que uno de los factores ha sido demasiado potenciado y resulta ser dominante respecto a los demás. En estos casos, el rendimiento corre peligro.

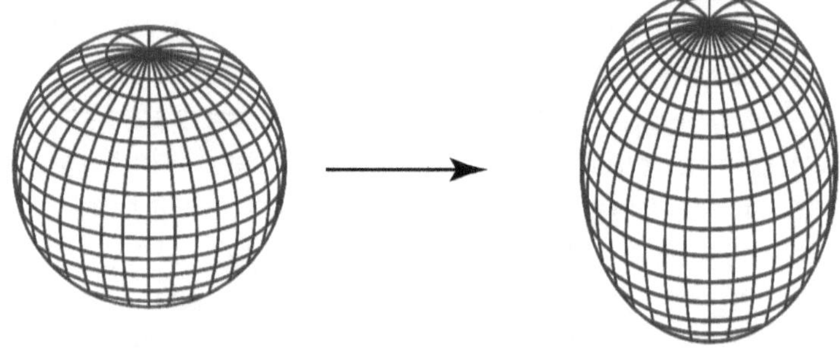

CAPÍTULO 3

DEPORTES INDIVIDUALES: EXPERIENCIAS GANADORAS

Las historias deportivas aquí presentadas pretenden ser un homenaje a estos extraordinarios atletas y a su capacidad de usar sus recursos mentales al máximo nivel. Sin embargo, serán descritas de forma simplificada para permitir que el lector comprenda cuáles son las representaciones mentales que, una vez modificadas y reinterpretadas, les han permitido a estos atletas, como a muchos otros, expresarse mejor y conquistar su propia victoria personal.

Estos testimonios también pretenden ser una forma de rendir homenaje a aquellos que han sido los verdaderos artífices del desarrollo de la psicología del deporte y que han contribuido de manera relevante a sus descubrimientos: los atletas.

ESQUÍ ALPINO-SINCRONÍA: LUCIA RECCHIA

"¡ATACA SIEMPRE, CENTÍMETRO TRAS CENTÍMETRO!".

Lucia Recchia es la esquiadora de la selección femenina de Italia que más veces ha sido campeona en varias especialidades, además de vicecampeona del mundo en Bormio 2005, destacando en la especialidad Supergigante. Es una atleta fuerte y determinada, movida por una auténtica y extraordinaria pasión por el deporte que practica, con el constante deseo de mejorar. Es una chica sensible e inteligente que sabe usar la actividad deportiva como medio para comunicar valores auténticos, llegando a ser un modelo de referencia para otras atletas.

Su trabajo psicológico de optimización empezó con el uso del acrónimo SFERA en la fase de análisis, con el objetivo de entender el punto desde el que se debe empezar a mejorar algunos factores y, por lo tanto, permitirle alcanzar el máximo rendimiento competitivo. La situación inicial puede sintetizarse de la siguiente manera:

$$S-\ F+/-\ E+\ R+\ A+/-$$

Como podemos ver, el problema principal de Lucia consistía en un nivel bajo de sincronía con el evento (la competición de la Copa del Mundo), lo que suponía una falta de presencia. Este aspecto debilitaba sus puntos de fuerza, muy potentes durante el entrenamiento, y generaba un estado de activación bastante desajustado y no controlado, facilitador de algunas lesiones en el pasado. Durante la competición, la atención de la atleta estaba focalizada primero en el resultado y secundariamente en el rendimiento, razón por la cual los rendimientos obtenidos eran menos satisfactorios que los obtenidos en el entrenamiento. Por lo tanto, el proceso de optimización se basó en la adquisición de mecanismos mentales que favorecieran la más absoluta sincronía y presencia durante las competiciones.

Pero antes de dar este paso, para hacer eficaz mi intervención, fue necesario crear una excelente relación profesional: como ya he subrayado en el transcurso del libro, la relación es la *conditio sine qua non* del éxito y de la eficacia de cualquier intervención psicológica. Para Lucia también fue decisivo comprender que había un proceso en marcha y que yo era el guardián del mismo y que lo viviría junto a ella, valorando constantemente su posición para la construcción de la mejor SFERA posible. Todo esto permitió la exaltación del juego limpio, la seriedad y la determinación que demuestra al realizar su actividad en la nieve, características que representan algunas de sus mejores dotes.

El objetivo de la fase de optimización fue instaurar, durante la competición, el proceso que subyace a la presencia; es decir, la acción del hacer e imaginar al mismo tiempo. Para lograr esto, en el entrenamiento diario le pedía que realizara varias veces el ejercicio específico del "hacer e imaginar", lo cual le permitió aumentar potentemente su autoconciencia, amplificando así la conexión mente-cuerpo. Otros ejercicios requerían que contase y describiese para sí misma la acción de caminar, analizando cada paso y su velocidad, o describir la posición de su cuerpo en el espacio cuando había estímulos distractores a su alrededor. En todo esto, Lucia demostró una gran fuerza y determinación, consiguiendo cambiar en poco tiempo sus mecanismos mentales por estrategias más productivas para su rendimiento.

Al principio, fue indispensable liberar su mente de los condicionamientos del pasado, de las expectativas negativas y de las profecías autocumplidas de fracaso.

Para tal fin, utilizamos la combinación de la visualización de la inmersión en el lago y la imagen metafórica de las burbujas de aire que suben eliminando todo aquello que ya no sirve, lo cual creó una activación emocional positiva hacia el nuevo estado mental deseado.

Posteriormente, la atleta modificó su lenguaje interior para sustituir la actitud de *escapar,* típico de la pérdida de presencia preexistente, por un *ir hacia* el objetivo a alcanzar.

Algunos ejercicios de sincronía le permitieron utilizar los cinco sentidos para poder "alimentarse" de las sensaciones positivas de estar en el portillón de salida, tanto que las típicas letras de los patrocinadores de la Copa del Mundo, que antes eran percibidas como distractores, ahora son observadas y utilizadas por la atleta para sentirse más poderosa, reforzando aún más sus puntos de fuerza en el momento de arranque.

Al final del proceso de optimización, trabajamos en la construcción del lema personal: una frase que se convirtió en la señal de activación que le conduce hacia el placer de atacar siempre al máximo, centímetro tras centímetro, puerta tras puerta, con la máxima presencia sobre el rendimiento. "Presencia y autoconciencia, y en el corazón las ganas de ganar": el significado de estas palabras es muy potente para Lucia y genera en ella esas buenas y bellas sensaciones que ahora están bajo su absoluto dominio.

Para Lucia no hay puntos finales, sino únicamente nuevos comienzos hacia el "placer de la presencia". Ella misma afirma: "Me doy cuenta cada vez más de cómo mis tiempos se relacionan con las buenas sensaciones: ¡cuanto más disfruto, más rápida soy!".

El principio constructivista que le permitió el pleno uso de sus recursos y la transformación de su representación mental fue: "La experiencia es la causa de un mundo que es su consecuencia". En su caso, la experiencia tiene que ver con el placer de vivir las sensaciones momento a momento, de crear un mundo formado por buenas relaciones con todo lo que le rodea, de percibir la nieve *cada vez más amiga,* de sentir el gran beneficio de vivir centímetro tras centímetro el trazado de la pista y de volar hacia la victoria que tiene en su corazón, en sus músculos y en su mente.

AUTOMOVILISMO-FUERZA: DINDO CAPELLO

"¡EN COMPETICIÓN SOLO CON MIS PUNTOS DE FUERZA!".

Dindo Capello es uno de los mejores pilotos de Endurance. Es el piloto oficial de Audi y cuenta con dos victorias, correspondientes a los años 2003 y 2004, en una de las carreras más desafiantes y fascinantes del mundo del automovilismo: la 24 Horas de Le Mans. Asimismo, obtuvo la *pole position* en esta misma carrera durante dos años consecutivos (2001 y 2002), suficiente como para haberse ganado el apodo de Maître du Mans, otorgado por la prensa francesa. Además, en su larga trayectoria, ha ganado dos veces la 12 Horas de Sebring y dos veces la 10 Horas Petit Le Mans de Road Atlanta.

Las peculiares características de este atleta son la extraordinaria capacidad de aprovechar al máximo las oportunidades y la regularidad absoluta en el rendimiento, siempre al nivel más alto. Sintetizando, Dindo representa la máxima expresión de la capacidad de llevar a la competición solo sus puntos de fuerza. Pero, dada la intensidad del compromiso requerido por este tipo de competiciones, definidas como extremas, también la mente y el físico más perfectos pueden vivir, a la larga, momentos problemáticos.

La configuración inicial del piloto era:

S+ F+/− E+ R+ A+/−

Algunos problemas físicos ocasionados por el altísimo compromiso de las carreras disputadas han hecho tambalear algunas certezas que, no obstante, son reconocidas unánimemente desde fuera como puntos de fuerza de este gran piloto. Además, en algunas situaciones, la activación durante el momento de salida en competición era arbitraria. La exigencia fue la de potenciar sus puntos de fuerza y construir una señal de activación que anulase su actitud crítica y le permitiese actuar de la forma instintiva y eficaz que lo distingue.

Considerando lo que surgió durante el análisis, valiéndose de sus veinte años de experiencia como profesional que ha estado siempre en la cima, Dindo afirma: "Es muy importante controlar y eliminar rápidamente el estrés físico y mental, ya que estos, si se subestiman, pueden llevar a la disminución de la pasión por la actividad deportiva. Sin este motor fundamental, el rendimiento decae inevitablemente. Hay que reaccionar en cuanto se adviertan las primeras señales".

En la fase de optimización, fue necesario volver al pasado para que el atleta recuperase todas esas sensaciones de gran autoeficacia que caracterizan su estilo competitivo. Con la respiración del Chi bajo, eliminamos los momentos de inquietud emocional causados por los eventos naturales de la vida, y trabajamos con visualizaciones enfocadas para eliminar las emociones negativas, manteniendo solo su recuerdo racional. Adicionalmente, trabajamos sobre los mecanismos de percepción. Con ese propósito, creamos una inducción hipnótica llamada *los tres puntos alineados,* una especie de "diana mental" que le permite al atleta apuntar hacia su máximo rendimiento. Los tres puntos son: el centro de la frente, que representa la disponibilidad de todos los recursos útiles en el momento; el centro de los labios, que representa la máxima prontitud y reactividad; y el centro del esternón, que representa la total identificación con sus propios puntos de fuerza. Un mecanismo inconsciente le permite al atleta percibir la perfecta alineación de los tres puntos solo cuando estas características se encuentran presentes y conscientes en su mente. Cuando esto ocurre, Dindo se encuentra en la SFERA de su máximo rendimiento y percibe un aumento de la sensación de autoeficacia, del control total de los síntomas físicos y de los eventos imprevistos.

Enfocarse en sus propias características positivas le permitió alejar la posibilidad de que estas se vieran afectadas por sensaciones y pensamientos contrarios al máximo rendimiento.

MOTOCICLISMO-ENERGÍA: GIOVANNI BUSSEI

"LA EXTRAÑA HISTORIA DEL BÚFALO-LOBO Y DE LA LÍNEA DE LA ENERGÍA".

"Es uno de los pilotos más veloces que he conocido", así describe Valentino Rossi a su amigo Giovanni Bussei, piloto del Campeonato Mundial de Superbike, el campeonato de las supermotos derivado de la producción en masa, donde la figura de piloto destaca más que el medio mecánico. Campeón italiano y uno de los mejores pilotos de Italia en esta categoría, Giovanni Bussei es un verdadero *Maverick*, uno que está "fuera del rebaño", un piloto gentil y determinado que encuentra en la naturalidad y la autenticidad de la pasión sus mejores aliados para la competición.

Cuando Giovanni se presentó para trabajar a nivel psicológico, quedó evidenciada la siguiente situación en la fase de análisis:

$$S+ \ F+ \ E+/- \ R+/- \ A+/-$$

El piloto tenía una buena capacidad de presencia y autoconciencia de sus puntos de fuerza, pero el uso de la energía no era el ideal, lo que le llevaba a ser irregular durante la temporada motociclista. Además, el ritmo y la activación podían mejorarse, sobre todo en algunas fases de la carrera.

Por lo que respecta al primer problema, buscamos cómo emplear el nivel justo de energía en competición, para evitar que un uso excesivo lo condujese a una pérdida de eficacia y de sensibilidad y que, por otra parte, un uso reducido lo hiciera débil y poco atrevido.

En la fase de optimización, trabajamos en esta dirección usando, al principio, la técnica del *blind drawn*. Algunas inducciones hipnóticas le permitieron vivir la sensación de "correr más rápido de lo que jamás había imaginado" y, con el tiempo, estructuramos tres señales diferentes de activación; todas aprendidas con visualizaciones en estado de trance hipnótico. La primera fue llamada Supervisor Inteligente, basada en su representación mental de la carrera. Él ve al circuito como un dibujo animado en el que aparecen tres tipos de animales: los avestruces, es decir, los pilotos que no tienen ninguna posibilidad de obtener un buen resultado; los búfalos, como él, que son buenos pilotos, pero con motocicletas que ni por asomo están a la altura de las mejores; y finalmente, los lobos, los pocos pilotos que pueden ganar cada carrera, porque cuentan con el apoyo de un medio mecánico muy superior. Esta imagen fue la que desencadenó su transformación gradual durante la carrera, de búfalo a lobo, creando la potente imagen de Búfalo-Lobo.

La segunda señal fue la Señal de Lanzamiento, usada para la *superpole* (la vuelta que mejor hay que hacer en la prueba). Esta señal se formó por la idea de que hay que usar el 100 % de los recursos para aprovechar al máximo esta gran oportunidad.

La tercera fue la señal de la Línea de la Energía, que viene representada con el color azul e indica la mejor trayectoria posible, efectuada con el ritmo óptimo y la energía justa, distribuida uniformemente durante la carrera. Esta señal fue integrada con aquella inicial en la que se da la transformación del Búfalo-Lobo. Como se puede notar, la representación mental del atleta es singular y compleja, cosa bastante común en los deportes donde el riesgo es elevado y en los que los mecanismos perceptivos deben estar siempre alerta. La Línea de la Energía constituye, por lo tanto, una especie de sendero que se ilumina con una luz azul, cuando el piloto lo recorre, y que le devuelve la concentración y el deseo de ser cada vez más preciso en las trayectorias aprendidas durante las pruebas. Para Giovanni, estar sobre la Línea de la Energía se ha convertido en "la más bella alegría". El principio que se encuentra en la base del éxito de este trabajo psicológico es el mecanismo ideo-plástico e ideo-sensorial, según los cuales, cuando un movimiento o sensación son imaginados, tienden a realizarse. El talento del piloto amplifica sistemáticamente esta "semilla de activación".

APNEA Y BUCEO-RITMO: MONICA BARBERO

"ESCUCHA EL CANTO DE LA BALLENA".

Monica Barbero es la mejor atleta de la selección italiana de apnea dinámica y Jump Blue. Actual campeona absoluta de Italia, ostenta el récord mundial no homologado de apnea dinámica y ha establecido el récord (ahora superado) de Jump Blue, con una distancia de 92 metros. La apnea dinámica es una actividad que consiste en recorrer la mayor distancia posible en apnea en una piscina. Cuando se realiza en mar

abierto, a una profundidad de 15 metros, el mismo tipo de actuación se llama Jump Blue.

Monica es una deportista extraordinariamente determinada y con una gran capacidad de concentración; durante más de dos años de su carrera, su rendimiento deportivo ha sido superior al de sus compañeros masculinos. Cuando acudió a mí para realizar un trabajo de optimización, parecía desmotivada y, en particular, con problemas relacionados con el entrenamiento máximo, que consiste en una simulación de carrera.

Su situación inicial se puede describir de la siguiente manera:

$$S+/- \; F+/- \; E+ \; R- \; A+$$

El principal problema involucraba al ritmo, es decir, a la pérdida de fluidez de movimiento y coordinación en las distintas fases de la inmersión, para lograr el máximo rendimiento.

Por lo tanto, para identificar el ritmo óptimo, en la fase de optimización llevamos a cabo dos ejercicios: primero, el juego del globo, que le permitió concentrarse en el aire contenido en esa fina membrana, con un aumento de la sensibilidad para escucharse a sí misma; y en un segundo momento, a través del juego de roles, identificamos las zonas que intervenían en el momento de la inmersión. La primera zona se llamó "Monica" y constituye los primeros 30 segundos, "el placer de las sensaciones"; la segunda se llamó "Ballena", su animal símbolo, que interviene en los siguientes 30 segundos y tiene la función de soportar las contracciones diafragmáticas; y la última parte se llamó "Moby", y es la que tiene que llegar lo más lejos posible. Los ritmos correspondientes a cada parte también se identificaron con un metrónomo: 92 latidos para los dos primeros y 80 para Moby.

Como siguiente paso, pusimos en relación las tres partes, como un equipo que se prepara para una carrera de relevos, donde cada componente debe realizar su tarea de la mejor manera posible. El pase perfecto del testimonio se facilita con el trance hipnótico.

Asimismo, la deportista aprendió a escuchar el canto, creado por los 80 latidos del corazón, como una dulce melodía que ha de seguir para permitir la superación del propio límite.

Monica alcanzó rápidamente las sensaciones deseadas y tuvo como agradable efecto colateral una extraordinaria y renovada motivación hacia el entrenamiento, la competición y nuevos récords mundiales de especialidad.

El principio constructivista que permitió el éxito de este trabajo fue precisamente la creación de una estructura que conecta las varias partes ya presentes pero no identificadas, en una sincronía perfecta de movimientos y flujos de sensaciones.

ESQUÍ ALPINO-ACTIVACIÓN: GIORGIO ROCCA

"APRIETO LOS BASTONES Y TODO SE CONVIERTE EN MI ALIADO".

Giorgio Rocca es el capitán de la selección italiana de esquí. Ganador de dos medallas en el Campeonato del Mundo de Bormio 2005 y de múltiples Copas del Mundo, es reconocido como uno de los mejores esquiadores italianos. Gracias a su brillante inteligencia y continuo deseo de mejora, contribuyó personalmente a la creación del método AGS. Hoy es un ejemplo como deportista y como hombre, y fue el precursor de la utilización del moderno trance hipnótico en el deporte. Los atletas que actualmente utilizan este

método con éxito, de seguro deben agradecerle sus intuiciones.

El éxito de Giorgio es tanto individual como de equipo. De hecho, la grandeza de un campeón también radica en saber construir un entorno positivo a su alrededor, hecho de compromiso, de pasión y también de diversión. La genialidad de su preparador físico, Roberto Manzoni, y las sabias ideas técnicas del entrenador del equipo de slalom, Claudio Ravetto, contribuyeron enormemente a la optimización de este campeón, que siempre permanecerá en la historia del esquí. Cuando comenzó su viaje de optimización, su situación era la siguiente:

$$S+/- \ F+ \ E+ \ R- \ A-$$

Los principales problemas de su actuación estaban relacionados con el ritmo, especialmente importante en el slalom, y con una activación bastante arbitraria en carrera a pesar del entrenamiento, en el que sabía expresarse muy bien. Generalmente, el atleta se desempeñaba bien solo en una de las dos rondas de la carrera, sin poder activarse y encontrar el ritmo óptimo en la duración de la otra.

En la fase de optimización, inicialmente usamos el juego de roles para crear un diálogo entre la parte que más aparecía durante el entrenamiento y la de la carrera, donde no conseguía expresarse completamente. Lo que sucedía en la mente de Giorgio durante un descenso de slalom se puede representar de la siguiente manera: cuando se asomaba al portillón, veía las puertas del slalom como notas musicales y se veía a sí mismo como el instrumento que, durante el descenso, tocaría estas notas, componiendo la mejor melodía posible. Esta imagen se activaba en el momento en que apretaba los palos, convirtiéndose así en un conductor de orquesta perfecto. De hecho, los palos son como la batuta del maestro: activan todos los instrumentos para la gran sinfonía, que consiste en un instrumento solista (el atleta) y toda la orquesta (el entorno circundante representado por el ruido del público, la voz del locutor y todo lo demás). Cuanto más ruido hay, más se emocionaba Giorgio, "motivándose puerta tras puerta", activándose cada vez más en el ritmo perfecto que lo llevó a nuevas victorias.

La fuerza y estabilidad del deportista pueden ser interpretadas como un movimiento realizado sobre las "huellas de luz", que señalan la mejor trayectoria posible. Se puede decir que el gesto de apretar los palos es ahora tan poderoso en la mente de Giorgio que, cada vez que lo realiza, crea una conexión mente-cuerpo extraordinaria que constituye un poderoso interruptor de activación que también actúa sobre sus recursos inconscientes. Es la mente inconsciente la que esquía por Giorgio al más alto nivel. En una de sus muchas entrevistas concedidas después de una victoria, describió su activación de la siguiente manera: "¿Cómo activo la máquina de carreras? Sencillo: cuando miro el portillón de salida, aprieto los pomos de los bastones y me doy la señal de activación, como si fuera una contraseña que abre el circuito. Antes puedo distraerme, hablar con mis compañeros o los técnicos, pero a partir de ese momento, entro en un trance competitivo. Mi mente se despeja de todo, sigo el hilo de mi Ariadna. Lo sé, puede parecer curioso, ¡pero es así!".

¿Y CUANDO TODO PARECE PERFECTO?: PIERANDREA PATRUCCO

"VOLVIENDO A JUGAR. VOLAR CON LAS ÁGUILAS".

La experiencia vivida con este excepcional atleta nos recuerda y confirma cómo la pasión y el placer de jugar son el motor fundamental para la competi-

ción de alto nivel. Pierandrea es el pionero en Italia de vuelo libre, actividad aérea que se practica con el ala delta y el parapente. Ha logrado el increíble récord de más de 12 000 horas de vuelo sin motor. Dos veces campeón de Italia y siempre entre los primeros en las competiciones internacionales, Pierandrea, habiendo llegado al máximo de su expresión competitiva, abandonó la competición para volver a disfrutar con el Vuelo Vivac y récord de distancia. Este es un caso en el que el punto de partida del deportista parece casi perfecto:

$$S+ \quad F+ \quad E+ \quad R+ \quad A-$$

El único punto negativo es la activación, causado por una percepción de la realidad como "demasiado seria". Cuando todo vuelve a ser un juego y no hay enemigos, sino solamente compañeros de aventura, elevarse a las alturas y mirar todo desde arriba es la mejor forma de meditación. Por lo tanto, podemos afirmar que cuando el rendimiento permanece siendo potencial y no consigue transformarse en realidad, la solución está en "¡reaprender a divertirse!", es decir, volver a un estado más indiferenciado. "Vuelvo a donde todo tuvo origen para readueñarme de todas aquellas sensaciones olvidadas hace mucho tiempo... Vuelvo a volar con quien me ha enseñado a hacerlo: las águilas".

CAPÍTULO 4

DEPORTES DE EQUIPO

> *"Comprendió esto: que las asociaciones hacen al hombre más fuerte y ponen de relieve las mejores dotes de cada persona, y dan una satisfacción que raramente se consigue permaneciendo por cuenta propia: ver cuánta gente honesta, esforzada y capaz hay, por la que vale la pena querer cosas buenas (mientras que viviendo por cuenta propia, sucede más bien lo contrario: se ve la otra cara de la gente, aquella por la que es necesario tener siempre la mano en la espada)".*
> **Italo Calvino, El barón rampante**

La aplicación del acrónimo SFERA también es útil para los deportes de equipo. En este capítulo veremos cómo monitorizar las dinámicas de los equipos, ya sean aficionados o profesionales, con el fin de identificar los puntos de mejora y convertirlos en ganadores.

En primer lugar, debemos detenernos en la definición de equipo: hay que entenderlo como un *organismo viviente* en el cual el individuo se pone a completa

disposición y servicio de los objetivos compartidos. Las individualidades deben estar permitidas y reconocidas en un preciso acuerdo dentro del equipo de pertenencia.

Para entender mejor qué significa ser un equipo y cómo se debe entender el camino hacia el objetivo, dejémonos cautivar por este breve relato que contiene algunos secretos sobre el máximo rendimiento.

LA BÚSQUEDA DEL TESORO

EL ARTE DE LA SINCRONANCIA EN GRUPO

Un grupo de exalumnos de una universidad holandesa se reunieron un domingo en las afueras de Ámsterdam gracias a la iniciativa de uno de ellos, quien se había convertido en un famoso economista, tras haber sido un valiente deportista junto a sus compañeros de antaño.

Tras el almuerzo y los halagos hacia algunos compañeros que se habían vuelto famosos, se propuso jugar a una muy sofisticada búsqueda del tesoro, centrada en nociones y conocimientos de los lugares más importantes de Ámsterdam. Los componentes del grupo, guiados por las clásicas preguntas del juego, recorrieron las zonas de la ciudad con una ya olvidada alegría, descubriendo rincones, imágenes y obras que nunca habían llegado a conocer, a pesar de vivir allí.

Finalmente, todo el mundo deseaba ser el primero en encontrar el tesoro.

Al final del juego, el grupo, todavía unido, descubrió con asombro en cada esquina del Dam, la famosa plaza de la ciudad, una variopinta esfera, cuyas dos mitades estaban unidas por un lazo al que se ataba una caja de oro. Dentro de esta, había una nota que decía: "Si habéis llegado hasta aquí sin abandonar, ya habéis encontrado todo vuestro tesoro: el camino que habéis recorrido juntos".

¿CÓMO MEJORAR EL RENDIMIENTO DEL EQUIPO?

Gracias a las inestimables ideas aportadas por la plurianual experiencia de un verdadero filósofo del deporte, Mauro Berruto[1], podemos repasar algunas etapas del funcionamiento de los equipos, intentando investigar, aunque de forma breve y aproximativa, algunos de los mecanismos y de los supuestos que caracterizan a los grupos en el deporte.

La psicología del deporte aplicada al individuo es necesariamente diferente a la aplicada al grupo. Mientras que cuando tratamos con un atleta nos detenemos en el estudio de sus mecanismos mentales y trabajamos su optimización, en el trabajo con equipos es necesario optimizar al grupo en su conjunto, pero, a su vez, favoreciendo el bienestar y la máxima expresión del individuo de acuerdo con sus exigencias.

Omitiendo las varias disertaciones ya existentes en la literatura, seguramente más exhaustivas en cuanto al tema de los grupos y sus dinámicas, me gustaría detenerme en algunas características deseables que pueden encontrarse y aplicarse en el trabajo con equipos. A partir de las largas y apasionadas confrontaciones con entrenadores profesionales y preparadores físicos, así como la sistemática aplicación de estos principios en los equipos con los que he trabajado, han surgido tres elementos que considero fundamentales:

- El *coaching* y el egoísmo de equipo.
- Las diez reglas del equipo ganador y el proceso de *norming, storming y performing.*

---

[1] Fue seleccionador de la selección finlandesa de volelbol desde 2005 a 2010, año en que fue nombrado seleccionador de Italia, con la cual consiguió la medalla de bronce en los Juegos Olímpicos de Londres 2012.

- El control sistemático de los factores de la SFERA en los momentos que anteceden a la competición.

EL COACHING Y EL EGOÍSMO DE EQUIPO

La actitud (o estado mental) de un equipo es lo que marca la diferencia en el campo. Esta debe ser entrenada e integrada con la preparación física y técnica, siendo gestionada por el *coach*, tal y como ocurre en los deportes individuales.

El papel del *coach*, en cuanto a líder se refiere, es fundamental y resulta más eficaz cuanto mayor es su alineación con los principios constructivistas en el respeto de las leyes del máximo rendimiento. Será él el encargado de construir la lengua compartida y hablada por el equipo, así como de permitir que esta se mantenga y se perfeccione con el tiempo; será él quien favorezca la representación mental de equipo tan poderosa que dominará a las individuales. Solo cuando esta representación esté completada se podrá hablar realmente de *equipo*, es decir, de un organismo que se alimenta de sincronía y en el cual las individualidades se ponen al servicio del objetivo compartido.

El *coach* constructivista es aquel que permite las decisiones individuales, estimula los mecanismos de *feedback*, refuerza la interacción y la cooperación, y fomenta aquello que influye en el trabajo del otro. De la misma manera, favorece el pensamiento de alternativas, hace frente a nuevos problemas con plena confianza, optimiza los puntos de fuerza y apoya a quien asume riesgos y desafíos. En pocas palabras, es aquel que entrena para encontrar soluciones, utilizando un método fundamentado en la importancia del grupo.

Pero, ¿qué es lo que realmente favorece la aparición de una mentalidad ganadora en un equipo? ¿Qué es lo que realmente le permite a un equipo entrar en la SFERA ?

Podemos encontrar la respuesta en la aplicación que anteriormente hemos definido como filosofía del *kaizen*: el arte de la mejora continua. Recordemos que esta se caracteriza por una actitud de responsabilidad plena respecto al resultado, por una constante comparación con quien es más habilidoso y por las búsquedas de las posibles soluciones ante un problema. Los equipos ganadores tienen la característica de estar "invadidos por continuas preguntas" que mantienen viva la necesidad de encontrar soluciones al servicio de una mejora continua. Con este propósito, Mauro Berruto explica:

"La mentalidad ganadora se construye en el deporte exactamente igual que en la vida: trabajando duro a diario para que, al final de cada jornada, se pueda obtener una pequeña mejora. La mentalidad ganadora es aquella capacidad obsesiva de querer encontrar cada día algo que pueda mejorarse y mejorarlo. Así es cómo nos convertimos en campeones".

Los equipos ganadores siempre tienen un elevado índice de competitividad, que se manifiesta con la sistemática transformación de los límites en posibilidades. En este sentido, cada problema individual viene visto como un tesoro, en tanto permite una mejora. Además, estos tienen la capacidad de definir objetivos a corto, mediano y largo plazo, con una continua reevaluación de las estrategias, manteniendo siempre la coherencia con el objetivo a alcanzar. En definitiva, se caracterizan por la capacidad de ponerse en posición "meta" o, lo que es igual, de convertirse en observadores de sí mismos.

Retomando las palabras de Mauro Berruto, el equipo ganador se caracteriza sustancialmente por un sano *egoísmo de grupo*, definido por él mismo como

"la conciencia de saber que el propio rol resulta fundamental para la consecución del objetivo colectivo": cada miembro del equipo debe tener la sensación de haber hecho algo, cualquier cosa importante, que influyó en el resultado del juego. El egoísmo de grupo se alimenta del respeto hacia las reglas compartidas, las cuales favorecen la aparición de la colaboración y la sincronía. Esta última se manifiesta en la perfecta ejecución de los gestos técnicos y a través de la búsqueda del ritmo óptimo, en una especie de *dimensión artística* en la cual se pretende que el equipo realice una obra maestra.

De hecho, él afirma: "Considero al equipo como lo más importante, seguramente más importante que cada individuo (o incluso el entrenador). Persigo el egoísmo de grupo no solo en la gestión de los atletas, sino también en la organización del personal, que debe ser como un *verdadero equipo dentro del equipo*. Todo el personal tiene que estar totalmente involucrado en el proyecto y debe sentirse partícipe tanto de las victorias como de las derrotas. Solo cuando el equipo de jugadores ve a su alrededor a un grupo de personas que están a su servicio, coordinadas, solidarias, ordenadas y precisas, puede considerar que va por buen camino".

Por lo tanto, la palabra clave es *sincronía*. El equipo por antonomasia es aquel que obtiene su sustento y fuerza del "estar juntos" de todos sus componentes y no solo en el momento del deporte. En el voleibol, como en otros deportes donde el espacio es muy reducido (por ejemplo, en las tripulaciones de las regatas de vela), se alimenta el espíritu de equipo creando así mecanismos psicológicos que favorecen una extraordinaria sincronía de pensamiento, de acción y de comunicación. Por lo tanto, el sentido de pertenencia se basa esencialmente en el hecho de compartir experiencias emocionales entre todos los componentes, así como en los "rituales" propios del organismo-equipo, que desde siempre han tenido la finalidad de crear una unión para poder focalizarse en el objetivo a alcanzar.

Si dentro del equipo un atleta tiende a sobresalir y a sentirse superior a los demás, es necesario que el *coach* haga hincapié en la importancia del significado de ser un equipo y tome algunas medidas que resalten su valor.

El equipo es un valor sagrado a perseguir que se alcanza solo poniéndose a su servicio. El secreto para valorarlo está en asignar tareas específicas a los jugadores y en verificar continuamente que cada uno tenga claro lo que se espera de él. El trabajo del entrenador es extraordinario e increíble debido a que tiene la tarea de juntar a atletas que pueden llegar a ser muy diferentes entre sí, ya sea por idioma, cultura, raza, religión, estilo de entrenamiento y concepción del deporte. Partiendo de esta diversidad, la magia está precisamente en crear un equipo en el que todos hablen el "mismo idioma", en el que el altruismo sea la fuerza motriz que permita a los jugadores crecer como atletas y como individuos en el momento en el que, conscientemente, decidan subordinarse al esfuerzo grupal.

LAS DIEZ REGLAS DEL EQUIPO GANADOR Y EL PROCESO DEL NORMING, STORMING Y PERFORMING

Podemos resumir en una breve lista las características más deseables para la creación de un equipo ganador. Esta incluye las diez reglas y el proceso del *norming-storming-performing*, que favorecen la entrada del equipo en la SFERA.

LAS DIEZ REGLAS DEL EQUIPO GANADOR

1. Objetivos claros y elevados.
2. Una estructura basada en los resultados.
3. Miembros competentes.
4. Esfuerzo unificado.
5. Clima colaborativo.
6. Estándar de excelencia.
7. Apoyo externo y reconocimiento.
8. Liderazgo centrado en principios.
9. Trabajo placentero.
10. Pensamiento sincronizado.

Podemos decir que si un equipo respeta (o, al menos, persigue) estas características, está en el buen camino para obtener resultados de excelencia.

El *norming, storming* y *performing* indica la importancia que tiene para un equipo usar ritmos precisos y cíclicos a la hora de dividir las actividades de entrenamiento y competición.

El primer término, *norming,* se refiere a la fase en la que se ponen las reglas, se aprenden nuevos esquemas y se establecen los roles elegidos. En la práctica, define las reglas del juego. Es una fase en la que prevalece la racionalidad; mientras que la emocionalidad, así como la creatividad, tienen poca cabida.

En la fase de *storming*, se abandona la racionalidad para así respetar los ritmos ultradianos naturales, favoreciendo la activación emocional. De hecho, se da un completo intercambio emocional, favorecido por el juego como fin en sí mismo, las bromas, la relajación y la pura diversión. Para ello, los momentos de integración vividos fuera del campo son importantes y útiles.

La tercera fase es la de *performing*, en la cual los dos hemisferios del cerebro deben trabajar en perfecta sincronía. Las dos fases anteriores sirven para entrenar la racionalidad y la emocionalidad, que ahora deben estar en perfecta sincronía. Si todo se ha llevado a cabo con los mecanismos mentales adecuados, es en esta fase que se puede entrar totalmente en la SFERA de máximo rendimiento. Entre una fase de *performing* y otra nueva de *norming*, siempre debe haber una fase de *storming* más o menos larga para el reequilibrio psicofísico de todos los miembros del equipo.

Este proceso es útil porque favorece el respeto de las necesidades del equipo, ayudando a los deportistas a canalizar y optimizar sus energías.

El tercer elemento se refiere al control del ritmo y la energía del equipo por parte del entrenador. Hay quienes dicen ser capaces de predecir el resultado de su equipo, porque son capaces de observar el ritmo y la energía que caracteriza al grupo en los momentos previos a la competición. Observar el ritmo que guía al equipo también significa comprender los tiempos de reacción de sus integrantes ante cualquier estímulo o problema a resolver. Si responden juntos y más o menos con los mismos tiempos, el equipo está en sincronía y los deportistas están impregnados de una fuerza que los mantiene unidos y les permite colaborar, sintiéndose parte de un mismo núcleo. También es posible hacerlo fuera de la cancha, en momentos de *storming* —por ejemplo, en los vestuarios—, observando cómo reaccionan los jugadores ante una broma, cómo se ríen, cuánto tardan en hacerlo y cuánto dura su reacción.

Estas simples, pero efectivas, reglas de optimización del rendimiento se han utilizado con éxito en equipos juveniles y equipos profesionales, en particular dentro de las actividades coordinadas por la Juventus Soccer School, la primera universidad de fútbol del mundo. Hoy en día este proyecto involucra a cientos de entrenadores y miles de niños en Italia y en todo

el mundo. Marco Marchi, responsable de la iniciativa, explica la necesidad de crear una universidad de este tipo: "Tenemos que empezar a ver el fútbol desde otro punto de vista, exigiendo un trabajo constante en la cantidad, pero sobre todo en la calidad, que debe ser a 365°. Debemos desear y conseguir mejorar cada día del año".

Una vez más, partiendo de diversas experiencias nos encontramos ante el conocido mecanismo mental del *kaizen* y la rueda de Deming, en una perspectiva de mejora continua que, con las reglas expuestas anteriormente, permite construir una SFERA de equipo en la que cada miembro tiene, todos los días del año, la oportunidad de contribuir a la evolución hacia el éxito.

CAPÍTULO 5

LA PSICOLOGÍA DEL LÍMITE EXTREMO

ESTE CAPÍTULO ESTÁ DEDICADO A TODOS AQUELLOS QUE NUNCA HAN DEJADO DE BUSCAR.

Todo lo que hemos aprendido juntos hasta ahora nos plantea una cuestión ética y ecológica: ¿cuál es el punto más allá del cual ya no es saludable empujarnos en la búsqueda incesante de nuestro máximo rendimiento y nuestros límites como seres humanos?

Ante todo, la respuesta debe ser un elogio al cambio y, al mismo tiempo, una invitación a tener el coraje de evolucionar hacia la dirección de nuestra llamada interna, una invitación a avanzar hacia el cambio necesario para la posible mejora y a tener confianza en los recursos de nuestro inconsciente. Cuando todo esto se logra, los resultados son extraordinariamente superiores a cualquier expectativa. Pero siempre se deben respetar algunas reglas fundamentales.

En la sociedad moderna, la búsqueda del límite extremo se origina en la necesidad de una evolución continua que todo ser humano posee. Cualquier límite que tenga una herramienta, un deporte o una actividad, se convierte en sí mismo en el desafío a superar.

El desafío racional en un sentido aventurero, creativo, deportivo y técnico constituye el aspecto positivo de esta búsqueda. Si no hubieran buscado sistemáticamente su límite, Messner no habría escalado los ocho mil metros del Himalaya, Edison no habría inventado la bombilla, Einstein no habría formulado la teoría de la relatividad y cientos de deportistas no habrían batido récords mundiales ni ganado sus mejores competiciones. En la búsqueda del límite, la única frontera que no se debe traspasar es la de las responsabilidades éticas y humanas de respeto y equidad hacia los demás.

Si la realidad está en constante evolución, el investigador del límite debe perseguir su objetivo con miras a la mejora continua, sin distorsionar el equilibrio preexistente y considerando cada fin como un nuevo comienzo. Todo límite a superar es absolutamente, y en primera instancia, un límite psicológico.

Un día le preguntaron a Albert Einstein cuál era la diferencia entre él y una persona común. Respondió que, si a una persona se le pide que busque una aguja en un pajar, se detendrá y se sentirá contenta cuando encuentre esa aguja; en cambio, él seguiría buscando todas las posibles agujas que pudieran estar allí después de esa. La primera solución muchas veces no es la única posible ni mucho menos la mejor.

La diferencia entre el pensamiento reproductivo y el pensamiento creativo es la base para la mejora continua y la superación del límite. La paciencia y la percepción imaginativa son las cualidades fundamentales del investigador del límite, así como del detective que permanece centrado en el caso expuesto durante mucho tiempo. Desde el punto de vista psicológico, lo que caracteriza al investigador del límite es que él crea la realidad en la que vive, siguiendo un camino introspectivo que va de la ilusión a la autoconciencia de sus propias fortalezas y áreas de mejora.

Algunas actividades extremas son asimilables a meditaciones intensas en las que la experiencia del sujeto está completamente centrada en el aquí y ahora, y en las que el mayor peligro es alejarse de esta plena conciencia, aunque sea solo por un momento.

La búsqueda del límite es extremadamente cara; el éxito es para unos pocos (muy pocos). Cuando alguien logra un resultado excelente, la tendencia común es participar e identificarse con la alegría y la magia de ese momento. Superar el límite consagra al héroe, ya sea científico, ingeniero, médico o deportista. En cambio, la búsqueda del exceso representa el lado negativo e indeseable. Si el valor de un evento deportivo pasa de competir a ganar, de participar en una carrera a aniquilar al oponente, de competir respetando las reglas a la necesidad de lograr la primacía absoluta a toda costa, entonces se habrá perdido el sentido del juego colectivo, que es símbolo y metáfora de la civilización humana. La victoria es un objetivo natural, pero con demasiada frecuencia la primacía se convierte en la obsesión dominante. Depende de cada uno de nosotros trabajar para garantizar que la cultura del exceso nunca supere la cultura del sentido común.

La mayoría de las personas se parecen a esos grandes edificios abandonados en los que el propietario ocupa solo unas pocas habitaciones y nunca llega a los extremos del castillo. Por ello, cuando estés en la búsqueda de tu límite, da pequeños pasos en la oscuridad, desafiando cualquier incertidumbre, abre las ventanas, trata de averiguar de dónde viene ese olor a humedad, mira en qué punto del techo penetra el agua.

Prepárate para recibir dolor, placer y éxito, sin que estos te sofoquen.

CAPÍTULO 6

LOS PORQUÉS DEL ENTRENAMIENTO MENTAL

PREGUNTAS Y RESPUESTAS PARA EL LECTOR

Este capítulo tiene como objetivo aclarar qué es la Psicología del Deporte, qué significa el entrenamiento mental, cuáles son los requisitos previos y cuáles los prejuicios erróneos. De este modo, constituye un breve resumen del contenido del libro.

¿QUÉ SE ENTIENDE POR PSICOLOGÍA DEL DEPORTE?

La Psicología del Deporte, en sentido estricto, es una rama de la psicología que estudia a los profesionales y aficionados de los deportes individuales y de equipo con el objetivo de sacar a la luz sus mecanismos mentales y mejorar su rendimiento y bienestar en general. En otras palabras, trata de hacer coincidir su rendimiento *real* con el *potencial*.

¿CUÁL ES LA DIFERENCIA ENTRE LA PSICOLOGÍA DEL DEPORTE Y LA PSICOLOGÍA CLÍNICA?

Estas dos áreas de la psicología son opuestas, aunque su integración es posible y deseable. La Psicología Clínica es la aplicación de técnicas específicas para la terapia de un malestar psicológico; es decir, se ocupa exclusivamente de la patología. La Psicología del Deporte consiste en la aplicación de técnicas dirigidas a expresar la genialidad del individuo, reconociendo y resaltando los recursos del sujeto a través de un método de intervención adecuado.

¿QUÉ ES UN ENFOQUE DE REFERENCIA?

Es una suposición, algo que debe ser cierto para que aquello que le sigue tenga sentido. Por lo tanto, debe constituir la base a partir de la cual el sujeto interpreta la realidad. No hay uno mejor que otro: solo hay enfoques que dan más o menos libertad. El constructivismo da la mayor libertad posible y, en consecuencia, favorece la máxima responsabilidad del individuo.

¿QUÉ SE ENTIENDE POR MÉTODO O TÉCNICA EN LA PSICOLOGÍA DEL DEPORTE?

Hay varios métodos que no deben confundirse con las técnicas. Tener un método significa realizar una intervención dividida en varias fases, cada una de las cuales tiene objetivos diferentes, pero estrechamente vinculados. Este modifica o crea una nueva representación de la realidad y el resultado se convierte en una parte integrante de la estructura mental del atleta. Un buen método comprobado aumenta la fuerza de voluntad y alimenta la pasión por la actividad, lo que supone un valor añadido para el deportista.

Las técnicas de optimización son pretextos para adormecer la parte crítica y racional de cada uno de nosotros, favoreciendo así un estado mental más adecuado para el desempeño.

PARA EL ENTRENAMIENTO MENTAL, ¿ES MÁS IMPORTANTE EL MÉTODO O LA TÉCNICA?

Ambos son importantes y útiles, pero lo que resulta de máxima importancia es la relación entre ellos, ya que estas crean una *estructura que conecta* al deportista con el mundo en el que practica su deporte.

¿CUÁL ES EL MÉTODO PRESENTADO EN ESTE LIBRO?

El método SFERA, que es una ejemplificación accesible para todos del método AGS (Estructuración Global del Deportista), estudiado y desarrollado en el Centro de Psicología del Deporte de Turín, gracias a la contribución de más de setecientos deportistas y técnicos profesionales de deportes individuales y de equipo. Se basa en el enfoque teórico del constructivismo, que empodera al máximo al individuo en la construcción de su realidad y en la estructuración de sus propios mecanismos mentales, buscando siempre emparejar el rendimiento potencial con el real.

¿EXISTEN OTROS MÉTODOS EN LA PSICOLOGÍA DEL DEPORTE?

Por supuesto, pero se basan en otros enfoques de referencia y otras técnicas.

¿QUÉ SE ENTIENDE POR TRANCE HIPNÓTICO?

Al igual que la vigilia y el sueño, la hipnosis es un estado de conciencia y, aplicada en el deporte, te permite *dar lo mejor de ti sin tener miedo de ti mismo*. El trance hipnótico se puede definir como *el estado de máxima comunicación entre la mente y el cuerpo y de amplificación de los recursos internos*. Es decir, favorece la consecución de dos objetivos: la máxima conexión cuerpo-mente, propia del estado hipnótico y muy deseable para todo deportista, y la amplifica-

ción de la fuerza empleada para el logro del objetivo establecido.

La hipnosis, como suele entenderse comúnmente, no existe. No hay control de una mente sobre otra como se piensa en las fantasías populares. La hipnosis real, en cambio, debe considerarse como un "patrimonio de la humanidad" y siempre se ha utilizado en los procesos de curación y en la superación de los límites individuales.

¿QUÉ HAY QUE HACER PARA QUE LA INTERVENCIÓN PSICOLÓGICA SEA EFICAZ?

Para lograrlo se necesitan algunos ingredientes fundamentales.

En primer lugar, la motivación individual del deportista y su deseo de mejora continua. Inicialmente, es necesario dedicarse a los dos hemisferios cerebrales: el más emocional y el más racional.

En segunda instancia, es necesario construir la relación, entendida como la activación emocional hacia un objetivo. Es esta la que hace que las técnicas de optimización sean efectivas. Se puede tener una buena relación con el libro que se esté leyendo, con el profesional que acompañe al deportista, con el entorno o el circuito en el que se desarrolle la especialidad deportiva.

Por último, debemos dedicarnos a la parte más racional: aquí está la importancia del método y las técnicas. De nada sirve aplicar técnicas que no sean piezas de un mosaico previamente imaginado, de un camino que ya está marcado. El método debe ser simple pero exhaustivo, porque pasará a formar parte del bagaje psicológico del deportista.

Una buena intervención debería tener como resultado la total autonomía del deportista.

¿QUÉ CARACTERIZA LA MENTE DEL CAMPEÓN?

La mente del campeón se caracteriza por dos habilidades fundamentales, transversales a cualquier deporte practicado: la de activarse completamente durante la competición y desactivarse una vez finalizada, y la de transformar los límites en posibilidades. Donde otros atletas ven un problema o un punto de dificultad, el campeón ve una posibilidad de ganar.

¿CUÁL ES LA DIFERENCIA ENTRE UN EXPERTO EN PSICOLOGÍA DEPORTIVA Y UN MOTIVADOR?

Existe una gran diferencia. Los llamados *motivadores* se limitan a aplicar simples técnicas, muchas veces no integradas en un método, subestimando la importancia de la relación como elemento fundamental para un buen rendimiento. Su objetivo es utilizar mecanismos sugestivos para mejorar el rendimiento en el momento (de hecho, se les ve muy a menudo en los campos de competición). El problema de esta intervención es que acaba generando adicción en el deportista, algo ineficaz a largo plazo. Utilizando una metáfora, podría decirse que los motivadores intentan utilizar una "gasolina especial" para hacer que el motor vaya más rápido sin tener en cuenta que, de esta forma, el motor puede romperse.

Por otra parte, el Psicólogo Deportivo actúa sobre la estructura del motor, mejorándola, permitiendo su máximo rendimiento con total seguridad y respetando la ecología del individuo. Esto es posible porque, a diferencia del motivador, el experto en Psicología del Deporte conoce tanto los mecanismos mentales patológicos como los que permiten la expresión de la genialidad del individuo.

¿QUÉ SIGNIFICA PRIVILEGIAR EL PROCESO EN LUGAR DE LA FORMA?

Significa privilegiar el *camino* en lugar del *resultado*; adquirir la capacidad de formular preguntas diferentes para resolver los problemas habituales. Cualquiera de nosotros se habrá preguntado si para alcanzar una meta era mejor tomar un camino u otro. Centrarse en el proceso significa prestar atención a las acciones, estrategias, técnicas y rendimiento en el deporte practicado; significa preguntarse, en primer lugar, si realmente deseamos lograr ese objetivo en particular. Entonces, nos movemos con el placer de vivir el momento presente y un día nos encontramos, sin ni siquiera darnos cuenta, que hemos ido un poco más allá y hemos superado el punto más lejano que jamás nos hubiéramos atrevido a imaginar.

El proceso se basa en *hacer* y su contrario es el resultado, que es la forma final de lo que se ha hecho. Solo en caso de que el rendimiento a realizar sea absolutamente incuestionable, es correcto centrarse en el resultado en lugar del proceso, pero esta es una condición muy rara.

¿QUÉ ES UNA INTERVENCIÓN DE OPTIMIZACIÓN?

Es la aplicación de un principio psicológico mediante el cual, cuando el individuo se mueve por un deseo continuo de mejora, el conocimiento y la conciencia de sus propias áreas de mejora y de sus propios puntos fuertes (adquiridos durante la fase de análisis preliminar) hacen que el sujeto desarrolle más energía y se sienta más fuerte. En la fase de optimización, se puede intervenir de dos formas: trabajando en las áreas de mejora o reforzando aún más los puntos fuertes. En este último caso, las áreas de debilidad tendrán menos importancia.

¿QUÉ SIENTE EL DEPORTISTA AL REALIZAR UN PROCESO DE OPTIMIZACIÓN?

Son, esencialmente, sentimientos de gran fuerza y poder. Un método de entrenamiento mental eficaz es incluso más fuerte que el dopaje y esto lo demuestran más de treinta años de estudios e investigaciones. El atleta con un método es más fuerte que el dopado por dos razones: primero, porque no necesita "dejar de doparse" antes de la competición, y segundo, porque no tiene que desperdiciar energía psíquica para ocultar un comportamiento desviado. Puede contar con la máxima coherencia consigo mismo.

La Psicología del Deporte es fascinante y también, en cierto modo, sensual. Puedes disfrutar de su encanto tanto si lo practicas como si lo recibes. Es agradable sentirse privilegiados, ya que sabemos que hemos ganado también gracias a estrategias mentales poderosas y secretas, construidas en una especie de sacralidad relacional.

¿QUÉ SIGNIFICA EXACTAMENTE ENTRAR EN LA SFERA DE MÁXIMO RENDIMIENTO?

SFERA es un sencillo acrónimo de referencia para cualquiera que quiera optimizar su rendimiento. Muchas veces *entrar en la SFERA* significa, simplemente, regresar a un estado más indiferenciado, donde todo sigue las leyes de la naturaleza y donde las relaciones son perfectas. La SFERA de máximo rendimiento es el reino de la simplicidad, la estructura que conecta nuestra propia Identidad con la naturaleza y sus leyes, a través del movimiento del cuerpo y de la mente, siguiendo el ritmo adecuado.

ERRORES A EVITAR EN LA PSICOLOGÍA DEL MÁXIMO RENDIMIENTO

Esta parte, dedicada a los errores, tiene la finalidad de permitir al lector hacer un autodiagnóstico para reconocer cualquier estrategia que consciente o inconscientemente utiliza con el deseo de mejorar, pero que, en realidad, resulta absolutamente ineficaz, ya que se sitúa lejos de las leyes de la optimización.

Los motivos de equivocación de la Psicología del Deporte son muchos y pueden ser resumidos de la siguiente forma:

- *Excesiva complejidad de los conceptos expresados:* muchas veces, en las publicaciones, se utiliza un lenguaje muy distante de la realidad del deportista. El resultado es una dificultad para acceder, comprender y utilizar dichas técnicas por parte de los directamente involucrados. Es incorrecto, además de inútil, centrarse en el significado de los conceptos sin hacer explícito el proceso subyacente. Por ejemplo, el imperativo clásico "¡concéntrate!" (que siempre se usa en diferentes contextos) carece de sentido y no es útil si no se integra con una explicación adecuada del proceso que se debe poner en marcha para poder concentrarse.

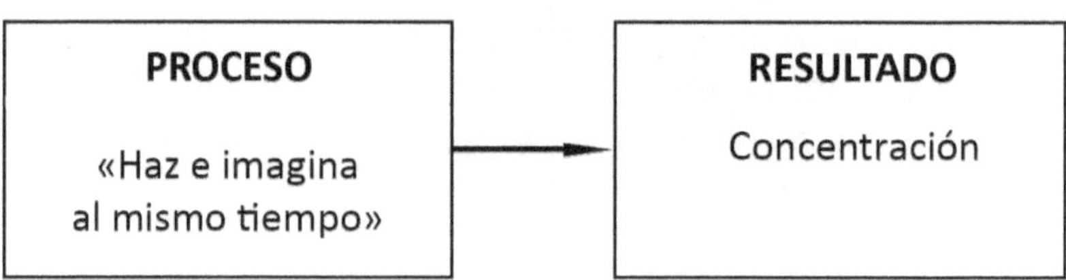

El objetivo debe ser simplificar los procedimientos, de manera que los pueda utilizar cualquier deportista que pretenda modificar o adaptar sus mecanismos mentales, con el fin de hacerlos máximamente efectivos para el rendimiento, sea del nivel que sea.

- *Presunta dependencia del deportista hacia el psicólogo* una vez iniciado el proceso psicológico de optimización. Los métodos que funcionan, en realidad, trabajan sobre la *autonomía* del deportista con respecto al psicólogo, prestando especial atención a los mecanismos de *consolidación autónoma* del resultado positivo alcanzado.
- *Superficialidad en la concepción de los métodos de intervención y difusión del conocimiento* por parte de algunos profesionales expertos en Psicología del Deporte. A menudo sucede que hay "expertos" que, aunque nunca han trabajado en el campo con los deportistas, ofrecen cursos o escriben libros que son un revoltijo de técnicas presentadas en un orden más o menos disperso. Nuevamente, hay que tener cuidado con la mera ilusión de que una técnica es portadora de mejora en sí misma, ya que solo puede serlo si es parte integral de un método generador de nuevas relaciones.
- *Falsa concepción de la Psicología del Deporte,* entendida como sinónimo de "relajación", siendo esta, por el contrario, sinónimo de "máxima activación". La misma ansiedad previa al partido, uno de los problemas más habituales en los que puede intervenir la Psicología del Deporte, suele liquidarse mediante la simple prescripción de "incrementar el control emocional". Ahora bien, nunca se aborda el significado de eso. A partir de ahora, para nosotros, el significado siempre será el mismo: *entrar en la SFERA de máximo rendimiento* (independientemente de la situación).
- *Ilusión de poder implementar la estrategia adecuada en cualquier situación:* en realidad, nunca es posible (ni siquiera productivo) repetir exacta-

mente lo mismo; es mucho mejor sincronizarse con el momento y con todos los recursos disponibles. Es un poco como cultivar la propia tierra para que los frutos crezcan: su calidad y cantidad dependerá de nuestro trabajo, pero también de variables que están fuera de nuestro control, como el clima o la luna. Para sacar lo mejor, puedo prever todo lo posible, pero —en cualquier caso— los frutos de una temporada nunca serán perfectamente iguales a los de la anterior o la siguiente.

- *Atención excesiva al diagnóstico:* el propósito de este libro es ofrecer mecanismos simples de aplicación para la optimización del rendimiento, que serán más efectivos cuanto más respeten las Cinco Leyes del máximo rendimiento.

CAPÍTULO 7

UNA MIRADA AL FUTURO

PSICOLOGÍA PARA EL DEPORTE Y MUCHO MÁS

Lo ilustrado en este libro, aunque se refiere principalmente a la Psicología del Deporte, puede servir para promover el máximo rendimiento en muchos otros ámbitos de nuestra actividad humana. El deporte es, simplemente, la mejor metáfora de la vida.

El tema tratado en este trabajo parte de la consideración de que nuestra representación del mundo es consecuente a nuestros supuestos sobre el mismo, de los que a veces ni siquiera somos conscientes. Es mediante su modificación que podremos cambiar la percepción de la realidad que, siendo solo una de las posibles construcciones, es absolutamente relativa.

Lo que más nos permite progresar es liberarnos de la superstición limitante de la ley de causa y efecto; mientras que el entrenamiento para la predisposición a actuar, para lograr la mejor adaptación posible ante cualquier situación que nos toque vivir, pasa por el

conocimiento de los mecanismos mentales que nos permiten construir nuestra realidad.

El vigorizante más poderoso para la mejora continua es la capacidad de soñar y hacer realidad nuestros sueños. El deseo de mejora continua une a personas, equipos, deportistas de diferentes nacionalidades y mantiene la mente activa para construir un futuro deseable.

Francisco Varela escribió con gran clarividencia: "Si todos entendieran que esta realidad es *una realidad* y lo que esencialmente compartimos es nuestra capacidad de construir una realidad, entonces quizás podríamos acordar una meta para construir una realidad capaz de asegurar supervivencia y dignidad para todos en nuestro planeta, en lugar de ver cómo cada grupo insiste en su propia forma de hacer las cosas".

JUEGOS OLÍMPICOS Y OTROS EVENTOS DEPORTIVOS

En el momento en que se redacta esta edición, Tokio está a punto de celebrar sus Juegos Olímpicos y muchos de los deportistas que han seguido este programa de entrenamiento se están preparando para salir a la pista y ofrecer su *performance* a los ojos del mundo del deporte.

Vivimos en una era en la que el sentido clásico del deporte "practicado", como movimiento o actuación, se está transformando en un espectáculo deportivo donde el contexto externo y las expectativas de los observadores son mucho más importantes que el reconocimiento de los valores que mueven la actividad deportiva. Incluso el concepto de victoria, como meta saludable y deseable, está cambiando peligrosamente hacia la filosofía del exceso.

Partiendo de la antigua y saludable concepción del deporte como juego, debemos necesariamente preguntarnos cuáles serán las características del campeón del futuro y los elementos que caracterizarán su propia victoria personal. Creo que la respuesta a esta pregunta debe ser precisa y decidida y también debe identificar el proceso subyacente. Por estas razones, creo que "ganar" significa esencialmente saber vivir las mejores sensaciones posibles en ese preciso momento que, en otras palabras, es la capacidad de ser feliz. Aquellos que buscan lo mejor de sí mismos deben moverse en esta dirección, reconectando con el concepto lúdico original del deporte, que es la mejor interpretación para experimentar la extraordinaria conexión mente-cuerpo durante la actuación atlética.

El deportista del futuro podrá alcanzar su máximo rendimiento solo a través de un programa adecuado que incluya preparación física y mental. Pero el futuro ya ha comenzado, "el conocimiento obliga"» y para quienes han tenido la paciencia de llegar hasta aquí, conociendo los mecanismos mentales de los campeones de hoy y de ayer, el camino hacia el futuro pasa por la construcción de la propia SFERA, sea cual sea el tipo de actividad y el nivel de rendimiento alcanzado. Lo que varía personalmente, una vez que se conocen las reglas, es la dedicación y el compromiso con el objetivo. Al igual que en la preparación física, la preparación mental requiere un programa preciso y unos tiempos de maduración adecuados, y la Psicología del Deporte del futuro irá cada vez más hacia el estudio de la información que solo la experiencia directa de los protagonistas del deporte puede ofrecer.

El concepto constructivista de "tú eres el protagonista de la realidad que te rodea" subraya el hecho de cómo las experiencias crean el mundo. El mundo no puede ser objetivo, sino solo subjetivo. "Somos los mejores profetas de nosotros mismos" y, por lo tanto, somos responsables de lo que decidimos vivir.

Campeón será quien sea capaz de responsabilizarse plenamente con respeto a su mundo, a su éxito y

también a su fracaso. El campeón podrá construir una realidad funcional en sí misma, personal, dominante sobre todas las que normalmente perciben los demás. Por eso, el camino del éxito se compone de innumerables encrucijadas: el campeón es el que sabe tomar decisiones, el que tiene el valor de decidir escuchando sus propias sensaciones. El campeón ve lo que los demás no ven; es capaz de subir a lo alto de su torre para mirar lo más lejos posible, sin olvidarse nunca de vivir el presente, momento a momento.

CONCLUSIONES

Tu vida te lleva a entrar en SFERAS más grandes o más pequeñas, cómodas o incómodas, llenas de encanto o poco llamativas. Sea cual sea la vida que estés viviendo, sabes que puedes encontrar tu lugar en el mundo transformando la esfera que la experiencia te ha ofrecido como hogar para cualquier momento dado. Tienes que cuidarla y alimentarla como se cuida un ser vivo. En tu esfera eres consciente de que formas parte de otras más grandes que abarcan todo lo que te rodea y te influye; es decir, el conjunto de relaciones que te conectan con la esfera más grande que se te ha dado a conocer: nuestro planeta Tierra. Esta es todavía una parte muy pequeña de muchas otras esferas que componen el Universo, que palpitan contigo, con un ritmo que aún no conoces.

Sea cual sea tu profesión o deporte, puedes imaginar el río de tu futuro fluyendo frente a ti y puedes volar sobre él en toda su longitud, como en un sueño en el que sabes que estás soñando y yendo más allá de la niebla de las incertidumbres, consciente de que, independiente de ti, el río fluye más allá, infinitamente más lejos, hasta un mar aún desconocido. Si bajas un poco para acercarte al fluir del agua, te darás cuenta de que eso que está ahí abajo es una auténtica marea y sus olas rugen como las del mar. Un viento muy fuerte sopla y las olas van acompañadas de coronas de espuma blanca. Fíjate bien en esas innumerables, pequeñas, blancas y brillantes esferas de agua que se forman y se desintegran con cada ola. Vienen a la superficie y desaparecen con el ritmo regular de las olas. Solo permanecen en la cresta un instante, luego se hunden y dejan de estar. Se mueven por picos muy altos y valles muy profundos. Podrás incluso ver que cada uno de nosotros no somos más que una pequeña entidad brillante, una de esas pequeñas gotas que en el flujo del tiempo van hacia un futuro desconocido y nebuloso. Salimos a la superficie, miramos a nuestro alrededor y, antes de darnos cuenta, ya hemos vuelto a desaparecer.

En el gran fluir de la historia no somos reconocibles. Siempre hay otros y luego otros más, y lo que llamamos nuestro destino no es otra cosa que nuestra lucha en el torbellino de burbujas en una sola ola que aparece y desaparece. Pero debemos aprovechar ese momento. ¡Es nuestra oportunidad!

GLOSARIO

Glosario que recoge los términos psicológicos más utilizados en el deporte, prestando especial atención en favorecer el proceso más que la forma.

Activación: realizar y concluir el ritual de máxima conexión cuerpo-mente.

Ansiedad previa a la competición (o precompetición): estado emocional que el principiante espera tener para sentirse en competición. En el profesional se genera por la falta de sincronía con el evento deportivo.

Aprendizaje continuo: proceso generado por el deseo de experimentar sensaciones cada vez más intensas durante la práctica deportiva.

Autorregulación: habilidad que se aprende con el entrenamiento y que permite la modulación intencional de un estado psicofisiológico presente hacia uno deseado.

Competición: evento que brinda la oportunidad de identificarse solamente con los propios puntos de fuerza.

Concentración: proceso basado en la capacidad de dirigir la propia conciencia sobre la monoidea deseada. Tiene su origen en el primer atractor de la SFERA de máximo rendimiento: la sincronía.

Control emocional: capacidad de permanecer en el límite variable entre el aburrimiento y la ansiedad.

Dejar ir: querer dejar de querer.

Entrenamiento: práctica de la conciencia plena, es decir, el proceso de hacer e imaginar al mismo tiempo. El entrenamiento consciente genera el máximo aprendizaje.

Equipo: organismo que se alimenta de sincronía y comienza a existir cuando las individualidades de quienes lo forman se ponen al servicio del objetivo compartido. Está alimentado por el egoísmo grupal.

Estar en la SFERA del máximo rendimiento: usar los cinco dedos de la mano de la mente para enviar una pelota exactamente al lugar deseado. La SFERA de máximo rendimiento es el reino de la simplicidad, la estructura que conecta nuestra identidad con la naturaleza y sus leyes, a través del movimiento del cuerpo y la mente.

Juego: evento basado en reglas compartidas que genera sensaciones que son más intensas cuanto mayor es la pasión inherente al jugador.

Máximo rendimiento: evento que se genera cuando el rendimiento potencial y el rendimiento real coinciden perfectamente.

Mecanismo mental: procedimiento que fortalece y facilita la expresión de la voluntad del individuo.

Observador: participante activo en el drama de la interacción mutua, en el juego de dar y tomar, presente en la circularidad de las relaciones humanas (H. von Foerster).

Realidad: nuestro invento más importante. Es cómo elegimos crear relaciones en ese momento. Este proceso siempre se compone de dos momentos: a veces nos atraviesa el flujo de comunicación que se da entre los diferentes sistemas en los que participamos y, a veces, somos los constructores del sentido, los inventores de la realidad.

Relación: "estructura que conecta" (G. Bateson). Se genera de manera autopoiética (somos a la vez producto y productores de nosotros mismos). La SFERA es el mundo de las relaciones del deportista.

Sueño: proceso que le da a la mente racional la oportunidad de dudar de la superstición enfermiza de que toda causa genera sistemáticamente un cierto efecto.

Técnica de optimización: excusa para mantener ocupada la crítica y la racionalidad, mientras el hemisferio emocional genera nuevas percepciones y el cambio de estado mental en la dirección deseada.

Victoria: evento que se produce después de haber experimentado las mejores sensaciones posibles en la práctica del propio deporte durante la competición.

Voluntad: orientación ordenada de la energía hacia la meta deseada. Cuando se usa para compensar momentos de falta de pasión hacia la meta, es un proceso deseable y ecológico. Genera consecuencias negativas cuando se orienta hacia una ilusión.

NOTAS DEL TRADUCTOR – TRADUCCIÓN Y SFERA

Me gustaría comparar la traducción del presente libro con una actuación deportiva, pues si observamos y analizamos el trabajo aquí realizado, a través de las "gafas" del modelo SFERA, podemos encontrar varias similitudes.

Todo comenzó con una idea: quería hacer posible que *Vincere con la Mente*, libro de gran valor pero disponible solo para el público italiano, fuera accesible a un mayor número de personas. Esta visión fue la chispa que prendió el motor de mi *activación*.

Una vez encendido el motor, fue imprescindible entrar en *sincronía* con el libro original, con el autor, con el contenido, pero también en relación conmigo mismo, con mis recursos y conocimientos, con una concentración profunda, e inmerso en la actividad a realizar, tratando de establecer un diálogo armonioso entre los dos idiomas.

Llegados a este punto fue necesario reconocer y poner en juego todos mis *puntos de fuerza*: para esta ocasión traté de aprovechar al máximo el hecho de ser hablante nativo italiano, los diez años viviendo en España, el aporte fundamental de mi pareja, Paloma (española y psicóloga) y, finalmente, todas mis experiencias y conocimientos relacionados con el mundo del deporte y el modelo SFERA.

Todo esto, sin embargo, no hubiera sido posible sin una correcta regulación de mis energías. Para lograr una traducción eficaz, fue fundamental poder dosificar bien la *energía*: una intensidad excesiva generaría cansancio, mientras que una actitud demasiado relajada aumentaría la probabilidad de cometer un error. Usar la cantidad adecuada de energía también me permitió tener una mejor visión general y, por lo tanto, elegir las palabras y expresiones más adecuadas para cada contexto, buscando un equilibrio entre la intuición y la reflexión.

Pasemos al factor *ritmo*: así como la preparación para una competición deportiva requiere un entrenamiento constante, un esfuerzo regular y una gran disciplina, la traducción de un libro, para realizarse de la mejor manera posible y dentro de los plazos establecidos, debe llevarse a cabo al ritmo adecuado. La autodisciplina y la perseverancia son ingredientes fundamentales, pero es necesario dejar tiempo y espacio para las pausas, alternando períodos de actividad y descanso. Una alternancia rítmica entre esfuerzo y desconexión que no solo evitó el agotamiento de las energías mentales y físicas y la consecuente tentación de tirar la toalla, sino que también me permitió disfrutar con alegría y entusiasmo de cada momento en el que estaba inmerso al máximo en el proceso de traducción: y aquí es donde vuelve a entrar en escena la *activación*...

Ahora que hemos recorrido los cinco factores y completado el círculo, puedo sentirme satisfecho con el trabajo realizado, listo para un nuevo giro de la SFERA.

Alessandro Mariani

CAPÍTULO EXTRA – ANTIFRAGILIDAD

APLICACIONES EN EL FÚTBOL Y EN LA JUVENTUS F.C.

> *"Algunas cosas se benefician de las sacudidas; prosperan y crecen cuando están expuestas a la volatilidad, el azar, el desorden y los factores estresantes, y les encanta la aventura, el riesgo y la incertidumbre. Sin embargo, no existe una palabra que describa exactamente lo contrario de frágil. Llamémoslo antifrágil".*
> **Taleb, 2012**

Así es cómo el filósofo, matemático y ensayista libanés (naturalizado estadounidense) Nassim Nicholas Taleb define el constructo de antifragilidad, refiriéndose a la capacidad de los organismos, humanos y de otro tipo, para aprovecharse de los eventos negativos, inesperados y la incertidumbre (Taleb, 2012). Sin duda, se trata de una habilidad que resulta imprescindible en el contexto social, cultural y económico actual, cada vez más caracterizado por elementos como la alta velocidad, el cambio constante, la transformación continua, la actitud de liderazgo, la tecnología digital avanzada, la volatilidad y la complejidad. Es, precisamente, a partir de esta condición existencial que surge la necesidad de aprender a aprovechar y explotar las oportunidades que se esconden detrás de los límites y la imprevisibilidad del escenario moderno, principio que, como se verá más adelante, también puede ser extendido al fútbol.

A partir de estas consideraciones, es posible afirmar que, por sus características internas, la antifragilidad es un constructo que va más allá del concepto de resiliencia. De hecho, este último se entiende como la capacidad de afrontar eficazmente la adversidad y superar derrotas o imprevistos, restableciendo sus condiciones originales.

Sin embargo, esta facultad ya no parece ser suficiente para afrontar las dinámicas volátiles e inciertas de hoy día, razón por la cual se vuelve más imprescindible que nunca ser antifrágiles; es decir, ser capaces de evolucionar y cambiar a partir de los denominados "cisnes negros" (expresión acuñada por N. Taleb para referirse a un acontecimiento repentino y adverso). Por lo tanto, se puede observar cómo el concepto de antifragilidad va más allá del de resiliencia, ya que esta persona no solo *quiere* que ocurran las dificultades y adversidades, sino que muchas veces las busca activamente; mientras que la persona resiliente podrá ser capaz de afrontar situaciones inesperadas en el momento en el que se presentan, pero no las buscará de forma proactiva.

Para centrarse en los elementos que diferencian la antifragilidad de la fragilidad y la resiliencia, resulta particularmente representativo evocar la imagen de la "tríada", donde cada una de las tres posiciones (frágil, resiliente y antifrágil) puede asociarse con una figura mitológica.

En estos términos, la fragilidad está bien representada por el mito de Damocles, obligado a festejar en la corte del Tirano de Siracusa bajo una espada que cuelga del techo por una fina crin de caballo, indicando la situación de incertidumbre y peligro que le toca experimentar.

Apropiada para la resiliencia, por otro lado, es la figura del Ave Fénix, un ave mitológica que renace de sus cenizas, algo que podemos traducir como un material o un individuo que absorbe un impacto o se enfrenta a un evento inesperado y regresa como antes.

Por último, en lo que respecta a la antifragilidad, es particularmente emblemático el ejemplo del monstruo Hidra de Lerna, una criatura marina gigante con nueve cabezas que al cortarlas vuelven a crecer e incluso se multiplican. Es decir, ante cualquier dificultad, el frágil se romperá fácilmente y el resiliente, al principio, sentirá el golpe, pero podrá volver a su forma original; mientras que el antifrágil dirá: "por favor, ¡decapítame!".

En el presente capítulo se analizará en profundidad este tema y se discutirá cómo aplicarlo al ámbito futbolístico, abordándolo a través de ejemplos prácticos, testimonios y anécdotas. Sin embargo, al comienzo de la discusión, conviene comprender qué se entiende por el *mindset* (estado mental) antifrágil y cuáles son los pasos que pueden enmarcar el desarrollo de esta perspectiva innovadora y, en algunos aspectos, contra-intuitiva.

UNA NUEVA PERSPECTIVA

Como se informó anteriormente, *antifrágil* es un término acuñado por N. Taleb para indicar lo contrario de *frágil*. Sin embargo, la fragilidad y la antifragilidad son características presentes de manera simultánea en el ser humano. Por un lado, está claro que el hombre no es invencible (pensemos en todos esos límites que dejan pocas posibilidades de tomar venta-

ja, como algunos tipos de enfermedades), pero, por otro lado, es interesante notar que cualquier sistema complejo es potencialmente antifrágil.

En este sentido, según el autor, la condición de fragilidad es atribuible a la tendencia a sobreprotegerse a uno mismo y al mundo de las incertidumbres. Además de esto, Taleb sugiere que la fragilidad se puede aprovechar gracias al estrés, ya que los eventos estresantes e inesperados empujan al individuo a esforzarse, usar sus recursos y encontrar nuevas soluciones.

Por tanto, conviene distinguir dos aspectos de la fragilidad: el primero está vinculado con la precariedad existencial (el envejecimiento, la muerte, la enfermedad); el segundo, en cambio, se refiere al contraste entre "hombre frágil" y "hombre fuerte". Los términos comúnmente asociados con la idea de un hombre fuerte son, de hecho, fuerza, solidez, resistencia física y estabilidad moral; expresiones que se refieren a una sensación de rigidez y quietud que, en realidad, es disfuncional para la supervivencia y prosperidad de un sistema complejo.

Por otro lado, si se explota adecuadamente, la fragilidad permite que todo ser vivo y sistema complejo permanezca en equilibrio y se corrija a sí mismo. Como sugiere una frase de Vittorino Andreoli, la fragilidad "rehace al hombre", es decir, tiene la función de ayudar al individuo a tomar conciencia de sus límites, aprendiendo a discernir entre los que conviene aceptar y los que puede intentar superar.

Por lo tanto, la fragilidad y la antifragilidad parecen ser dos condiciones aparentemente opuestas, pero que existen al mismo tiempo en el ser humano. Este conflicto puede resolverse si el término *frágil* se reemplaza por el término *vulnerable*.

La diferencia entre fragilidad y vulnerabilidad se puede explicar bien con el personaje mitológico de

Aquiles, un héroe griego derrotado en la Guerra de Troya por una flecha que atravesó el único punto mortal de su cuerpo: el talón.

> *"Los héroes no son frágiles, pero son necesariamente vulnerables. De lo contrario serían dioses".*
>
> **Nicoletta Cinotti**

De hecho, ser vulnerable significa abrirse a lo nuevo, a la incertidumbre, a la derrota y al descubrimiento de partes de uno mismo que hasta ese momento no habían emergido, condición fundamental para transformar, incluso en el deporte, un límite en una oportunidad y ser verdaderamente antifrágil.

EL FÚTBOL ANTIFRÁGIL

Volatilidad, imprevisibilidad, incertidumbre: ¿no son estas características las que describen con bastante fidelidad al fútbol?

De hecho, si es cierto que considerarlo como una disciplina regida por el azar no parece ser un razonamiento constructivista (es decir, caracterizado por la concepción del individuo como creador y director de sus propios eventos), por otro lado, es innegable que, por sus peculiaridades únicas, el fútbol y las acciones de un hipotético partido traen consigo un conjunto innumerable de dinámicas inciertas e incontrolables. Tan solo pensemos que dentro del campo hay dos equipos con un total de veintidós jugadores que, al moverse, forman un verdadero sistema complejo en el que el objetivo es controlar y competir por un balón, continuamente sometido a tensiones y desplazamientos.

Por estos motivos, es posible considerar al fútbol como el deporte que más rememora la historia de David y Goliat, situación en la que el primero de ellos, un simple pastorcillo equipado con un cabestrillo, logró imponerse sobre el temible y (casi) invencible gigante. Asimismo, es cierto que en un partido de fútbol no tiene por qué ser el equipo aparentemente más débil y menos equipado el destinado a perder. La historia de este deporte está llena de ejemplos sobre esto: la emblemática conquista de la Premier League inglesa, en la temporada 2015/2016, por parte del Leicester City, una formación considerada, inicialmente, como menos competitiva que otros aspirantes al título.

Por otro lado, es precisamente la evolución del fútbol la que, a lo largo de los años, ha presentado un fuerte e intrínseco componente antifrágil. Las raíces más antiguas de este juego se remontan al siglo III a. C., cuando se introdujo el *tsu 'chu* o *cuju* (, *cùjú*, literalmente *pelota empujada con el pie*), un entrenamiento militar chino que consistía en patear una pelota llena de plumas y cabellos femeninos entre dos cañas de bambú que formaban una puerta de 30-40 centímetros de ancho.

Con el tiempo, la disciplina del fútbol ha ido evolucionando y mejorando sus características y reglamento, así como se ha ido adaptando a las exigencias ambientales, sociales y culturales, y los cambios físicos y biológicos del ser humano. Precisamente, es a partir de estas consideraciones que se pueden encontrar rastros de antifragilidad en este deporte. Desde el entrenamiento chino hasta la actualidad, la práctica del fútbol ha estado marcada por numerosas etapas intermedias, como el *soule* francés y el *mob football* inglés en la Edad Media. Más concretamente, ambas disciplinas eran juegos populares destinados a que la propia parroquia o aldea prevaleciera sobre la del adversario, llevando el balón a la plaza central o frente a la iglesia rival.

Posteriormente, es posible recordar el *calcio in costume* (más conocido como fútbol histórico florentino, practicado en Florencia durante los años del Renacimiento) hasta alcanzar su consolidación definitiva en el siglo XIX en el Reino Unido, donde en 1848 el Trinity College de Cambridge se redactó el primer reglamento y el 24 de octubre de 1857 se fundó en Sheffield el primer club de fútbol de la historia: el Sheffield United.

Llegando al fútbol moderno, vale la pena mencionar algunos cambios relevantes y adicionales en la normativa, como la prohibición introducida en 1912 de que el portero tocara el balón con la mano fuera de su propia área de penalti, que en 1992 se convertiría en la prohibición de utilizar las extremidades superiores para controlar cualquier pase de sus compañeros, hasta llegar a los años más recientes con el desarrollo y aplicación de la tecnología Goal-Line y VAR.

El componente antifrágil en la evolución de este deporte radica, por tanto, en su capacidad de haber logrado prosperar, adaptarse, sacar provecho, mejorar y afirmarse en una realidad cada vez más compleja y caótica, en continuo movimiento y con una efervescencia intelectual, social, cultural, económica y tecnológica. Su antifragilidad, sin embargo, no solo es detectable en la evolución a nivel normativo-reglamentario. De hecho, también es intrínsecamente antifrágil desde un punto de vista técnico, físico y táctico. Pensemos, por ejemplo, en todas esas veces que decimos o escuchamos que "es imposible compararlos: son jugadores de dos épocas distintas". Esta consideración indica cómo el fútbol, en su expresión, es también prueba de la propensión natural del hombre y de los atletas hacia metas y perspectivas cada vez más desafiantes (como por ejemplo, batir un récord mundial), una motivación ligada intrínseca y virtuosamente al fortalecimiento progresivo de algunas características técnicas y físicas, y la consecuente metamorfosis evolutiva de las disciplinas deportivas (pensemos en la

mayor capacidad atlética, el dinamismo y los elevados ritmos que caracterizan a los jugadores y partidos actuales).

Pero eso no es todo. Es también desde el punto de vista táctico que este deporte ha sabido renovarse o incluso anularse para luego reinventarse. Particularmente representativo es el caso del "fútbol total", un estilo de juego innovador por el cual la selección holandesa se hizo famosa en los años 60 y 70, consiguiendo el segundo puesto en los Campeonatos del Mundo de 1974 y 1978, y varias conquistas de la Copa de Europa (tres para el Ajax y una para el Feyenoord). Más específicamente, el "fútbol total" se define como un estilo de juego en el que los roles de todos los jugadores pueden cambiarse durante un partido. A lo largo del juego, aquellos que se mueven de su posición son reemplazados inmediatamente por otro compañero, un sistema que permite al equipo mantener inalterado su despliegue táctico.

> *"En mi equipo, el portero es el primero en atacar y el delantero, el primero en defender".*
>
> **Johan Cruyff**

El "fútbol total" es una filosofía de juego recordada sobre todo por el jugador Johan Cruyff, y supone un ejemplo de cómo este deporte se ha trastocado incluso en sus pilares más fundamentales, como la rígida asignación de un rol, implicando un cambio de perspectiva incierto y aparentemente arriesgado, que resultó ser una oportunidad, un movimiento ganador: una elección antifrágil en todos los aspectos. Por otro lado, ha habido muchos entrenadores que se han inspirado en estos principios para perfeccionar y diseñar otros estilos de juego. El llamado *tiki-taka* es, probablemente, el más emblemático. Utilizado principalmente por el técnico español Josep Guardiola al frente del Barcelona de 2008 a 2012, se caracteriza por una serie densa y prolongada de pases bajos, cercanos y ejecutados con extrema calma. El objetivo principal es explotar las cualidades técnicas en el regate, para imponer la propia posesión del balón y agotar la energía de los adversarios, obligados a perseguir continuamente el balón con el consiguiente riesgo de dejar cada vez más espacios.

> *"No tenemos un delantero centro, porque nuestro delantero centro es el espacio".*
>
> **Josep Guardiola**

El *tiki-taka*, en otras palabras, es una prueba más de las infinitas modalidades que pueden desplegarse cuando los individuos (en este caso, el entrenador y los jugadores) deciden ir más allá de las convicciones, reglas, creencias, perspectivas e ideas de juego adquiridas y consolidadas a lo largo del tiempo, aceptando el riesgo de fracaso que podría conllevar, pero, al mismo tiempo, abriéndose a infinitas perspectivas únicamente accesibles a través de una mentalidad antifrágil.

Por consiguiente, en lo que respecta al fútbol, lo antifrágil son las múltiples posibilidades con las que es, ha sido y podrá ser interpretado y propuesto. Este aspecto puede hacernos reflexionar sobre cómo a partir de cada cambio en el reglamento, de cada triunfo o de cada fracaso, es posible sacar ejemplos de superación de dogmas y sólidas convicciones, de adaptación y aceptación de la incertidumbre, de un impulso hacia la novedad y la mejora continua.

CUESTIONARIO ANTIFRÁGIL

Como se ha mencionado anteriormente, la capacidad para sacar provecho de situaciones complejas y desventajosas se ha convertido en un atributo fundamental para enfrentar las demandas y desafíos de un tejido social, profesional y cultural cada vez más competitivo, cambiante e incierto. Precisamente, para satisfacer esta necesidad, es que el Equipo Autoral compuesto por el Prof. Giuseppe Vercelli, la Dra. Claudia Gambarino, el Dr. Antonio Sacco y la Dra. Alessia Maglietto se movió, en colaboración con Giunti Psychometrics, para desarrollar el AFQ (*Anti-Fragile Questionnaire*), la primera herramienta científica capaz de medir la antifragilidad en individuos. Los objetivos de esta herramienta son muchos: evaluar en qué medida una persona es capaz de reaccionar de manera proactiva ante un evento inesperado; investigar su tendencia a buscar nuevas experiencias y desafíos; detectar su capacidad para gestionar y utilizar el error o el fracaso en su propio beneficio; reconocer y regular eficazmente sus emociones de acuerdo con el objetivo que desea alcanzar y su capacidad para poder liberarse de los condicionamientos y las limitaciones psicológicas que, en ocasiones, podrían impedirle mejorar o aprovechar nuevas oportunidades.

El objetivo final del AFQ es, por lo tanto, detectar estas características para delinear el perfil antifragilidad de una persona y, posiblemente, planificar un camino para mejorar ciertas habilidades que a menudo son útiles en el contexto laboral y de desempeño actual.

Realizado a partir de estas consideraciones y del análisis de individuos que han demostrado ser antifrágiles en un momento de su vida, se identificaron cuatro dimensiones a través de las cuales es posible medir la antifragilidad:

1. *Adaptación proactiva*: capacidad de reaccionar de forma proactiva a situaciones imprevistas, cosechando los beneficios y transformando los límites en oportunidades para evolucionar.

2. *Evolución competitiva*: motivación hacia nuevas situaciones con curiosidad por el cambio, buscando retos en los que hasta se pueda contemplar el fracaso y descubriendo nuevas posibilidades.

3. *Agilidad emocional*: la capacidad de involucrarse y transformar la experiencia emocional en energía o desapegarse emocionalmente para gestionarse a uno mismo de la mejor forma posible.

4. *Destrucción consciente*: la capacidad de superar el condicionamiento del conocimiento, eliminando conscientemente las limitaciones mentales disfuncionales para superar el desafío.

En los siguientes párrafos se explorará cada una de estas dimensiones a través de ejemplos aplicados al fútbol. Sin embargo, previamente, conviene centrarse en el concepto de "entrenabilidad" de la antifragilidad y comprender cómo este componente, potencialmente presente en todos los individuos, puede desarrollarse y fortalecerse en función del crecimiento de los recursos propios, de la superación de un límite y de la consecución de una meta.

ANTIFRAGILIDAD Y RENDIMIENTO

Tras haber dado una definición del constructo, ahora podemos examinar cómo la mentalidad antifrágil puede estar vinculada con el desempeño. Pongamos el ejemplo de un entrenador que al final de una temporada positiva desea buscar nuevos desafíos y cambiar de equipo, teniendo en cuenta la posibilidad de enfrentarse a una condición de incertidumbre extrema.

Al examinar este constructo, el concepto de "entrenabilidad" representa, sin duda, el aspecto más central e innovador. En este sentido, el entrenamiento de la antifragilidad debe pensarse como un verdadero proceso de formación u optimización, dirigido a expresar el máximo potencial de un individuo (por ejemplo, un deportista, un técnico o cualquier profesional). Más específicamente, a partir de los resultados que surgen de la administración del Cuestionario Antifrágil, es posible obtener puntuaciones representativas en cada dimensión, identificar áreas de mejora (las dimensiones del instrumento en las que el individuo tiene más carencia) y, en consecuencia, delinear un proceso de crecimiento.

Sin embargo, al principio de todo esto es oportuno precisar algunos aspectos relacionados con las características y las formas en las que conviene configurar dicho entrenamiento:

1. Es imposible desarrollar la antifragilidad con posterioridad a un evento.

De hecho, en el momento mismo en que reflexionamos sobre lo ocurrido en el pasado, lo que pensamos será siempre una limitación, puesto que los hechos ya han sucedido. La única forma de intentar ser antifrágil es, por tanto, la preactiva (tomemos el ejemplo de un entrenador que toma una decisión impopular o un jugador que pide ser desplegado en un nuevo rol).

2. Para entrenar, primero se debe identificar la propia "zona de desarrollo".

La zona de desarrollo coincide con esa condición psicofísica y ambiental (diferente para cada persona) en la que es realmente posible desarrollar la antifragilidad. Más concretamente, cada individuo puede buscar su propia "zona evolutiva", sometiéndose a pequeñas y adecuadas —pero continuas— dosis de estrés, que lo empujan a explotar sus propios recursos para adaptarse al caos y habituarse a la idea de que no es posible controlar y prever todo aquello que en cualquier momento pueda suceder.

Estos representan los requisitos previos para delinear un proceso de entrenamiento dirigido a aumentar la conciencia de cada individuo con respecto a su propia antifragilidad y fortalecer una o más dimensiones del AFQ.

Retomando el ejemplo del entrenador que decide cambiar de equipo, esa predisposición a ponerse en juego puede ser una característica más o menos presente en cada individuo. Si queremos desarrollarla para abrirnos a nuevas posibilidades de crecimiento profesional y superación personal, podríamos trabajar en nuestra "evolución competitiva", realizando algunos ejercicios como identificar pequeñas actividades que nos empujen hacia un nuevo rumbo, una nueva meta, un cambio de hábitos, y que nos ayuden a fortalecer y consolidar esta tendencia en el tiempo, amplificando así nuestros recursos personales, habilidades y herramientas, que luego podremos explotar en momentos de desempeño o en los que estemos llamados a elegir o tomar decisiones.

ADAPTACIÓN PROACTIVA

Capacidad de reaccionar de forma proactiva ante situaciones inesperadas y en contextos nuevos e inusuales. El sujeto es capaz de modificar su comportamiento utilizando un método que le permite analizar y resolver problemas, identificando prioridades y objetivos, y reconociendo los recursos a su disposición. Aprovecha las ventajas personales al lidiar con un evento inesperado, transformando los límites en oportunidades y logrando así evolucionar y mejorar sus habilidades.

La expresión clave de esta dimensión es *"me encuentro aquí"*, indicando una situación en la que la persona está llamada a enfrentar un imprevisto e identificar una manera, un procedimiento, unos recursos y unos objetivos, para reaccionar ante un evento negativo e inesperado, transformándolo en una oportunidad de crecimiento y mejora.

Por lo tanto, esto conlleva adaptarse a la situación contingente y aparentemente desfavorable, reaccionando de forma proactiva: es el caso del entrenador que, ante un equipo con muchos de sus jugadores lesionados, se guía por el razonamiento de "al menos no tengo problemas sobre a quién meter", buscando la forma de cambiar sus ideas tácticas y exaltando las cualidades de aquellos que tiene a su disposición. O pensemos de nuevo en un entrenador que se reorganiza tras un hecho negativo e inesperado, como la expulsión de uno de sus jugadores. Para dar un ejemplo concreto, se puede citar a José Mourinho, quien al frente del Inter en la temporada 2009/2010, decidió colocar al delantero Samuel Eto'o en la insólita posición de defensa lateral, tras la expulsión del jugador Thiago Motta. Eran las semifinales de la Champions League ante el Barcelona —con los campeones Iniesta, Xavi y Messi—, pero que acabó con la clasificación a la final de los *nerazzurri*, gracias a una fuerte defensa hasta el pitido final. Este episodio, que ha pasado a la historia, deja en claro cómo el técnico portugués supo afrontar un límite (la expulsión y la consecuente condición de inferioridad numérica), al actuar de inmediato para buscar una estrategia de solución que resultó eficaz y funcional para lograr el objetivo.

Además, en lo que respecta a la adaptación proactiva, encontramos todos aquellos casos de equipos que, ante un sorteo desfavorable (frente a formaciones aparentemente superiores), demostraron ser capaces de afrontar mejor la situación, convirtiéndola en un gran éxito. En este sentido, es posible cambiar de perspectiva e identificarse con la selección sueca durante los *playoffs* de clasificación para el Mundial de Rusia 2018. En ese momento, para los suecos, sacar a Italia de las urnas fue probablemente lo menos deseable. Sin embargo, en el cómputo de los dos partidos contra los *azzurri*, la selección escandinava logró organizarse y hacer uso de todo su potencial, ganando contra un oponente aparentemente más fuerte y clasificando para el torneo de Rusia, donde alcanzó los cuartos de final.

La adaptación proactiva es ciertamente una dimensión que aún puede asociarse con algunos principios de resiliencia (reaccionar después de un evento negativo), un aspecto presente en numerosas vivencias de jugadores que han tenido una experiencia negativa (por ejemplo, una lesión grave, un despido) o inesperada (como le sucedió a Eto'o cuando fue situado en una posición inusual bajo la dirección de José Mourinho) de la cual pudieron tomar ventaja.

En este sentido, es natural dirigir nuestra atención al caso de Alessandro Del Piero, quien en noviembre de 1999 padeció una lesión del ligamento cruzado anterior y posterior, seguida de un período de rehabilitación de aproximadamente nueve meses. Pese a ello, el delantero de la Juventus trabajó para volver a ser el jugador que tanto había asombrado a todo el mundo, logrando, en los años siguientes, convertirse definitivamente en un jugador icónico dentro de la Juventus y decisivo en la selección italiana (equipos con los que, tras esa lesión, ganó tres Campeonatos de Italia, el título de máximo goleador de la Serie A 2007/2008 y el Mundial de 2006).

Asimismo, es posible recordar la fractura de peroné que sufrió Francesco Totti en febrero de 2006, pocos meses antes del Campeonato del Mundo que luego ganó Italia. También en esta ocasión, el delantero centro romano, contra todo pronóstico, regresó a tiempo para jugar y ganar el Mundial y, en el trans-

curso del año siguiente, consiguió el título de máximo goleador de la Serie A, con 26 goles, y la Bota de Oro como mejor goleador europeo.

EVOLUCIÓN COMPETITIVA

Motivación que impulsa al individuo hacia nuevas situaciones, con apertura, curiosidad y voluntad de cambio, buscando experiencias y desafíos en los que contemplar el fracaso, considerándolo como un campo de entrenamiento en el que formarse para aprender y a través del cual poder marcar la diferencia. Es la capacidad de generar un equilibrio en el caos, sin un deseo excesivo de control, previsión o estabilidad, para descubrir nuevos conocimientos y nuevas posibilidades.

La evolución competitiva se puede resumir como *me meto en*, expresión que resalta la tendencia de las personas a buscar activamente nuevas metas y escenarios, aceptando vivir una condición de incertidumbre extrema y afrontando el fracaso.

Es una dimensión que se puede asociar fácilmente a todas aquellas situaciones en las que un entrenador decide embarcarse en una nueva experiencia o experimentar con un método de juego innovador. De hecho, hay un componente de evolución competitiva (y, como veremos más adelante, de destructividad consciente) en las filosofías del "fútbol total" y el *tiki-taka*. De la misma manera, se puede encontrar, por ejemplo, esta característica en el *credo* táctico de Marcelo Bielsa, técnico argentino que, especialmente al frente de las selecciones de Argentina y Chile, introdujo el modelo de juego 3-3-1-3 y la variante del 3-3-3-1, dos disposiciones que reflejan una idea de fútbol dinámico y dedicado al ataque, pero sin renunciar a un equilibrio defensivo, hecho posible gracias a un ritmo siempre alto, incluso en la fase de no posesión.

Hablando de investigar lo nuevo, también es posible mencionar al exentrenador del Milán y seleccionador de Italia, Arrigo Sacchi, impulsor de un juego inspirado en el "fútbol total" holandés, pero a la vez caracterizado por numerosos elementos revolucionarios, como la idea de once jugadores comprometidos activa y simultáneamente en las fases ofensiva y defensiva.

En cuanto a los jugadores, sin duda, es ejemplar la historia de Roberto Baggio, quien en el verano del 2000 decidió irse a jugar al Brescia. La Divina Coleta tenía 33 años cuando quedó libre tras dos temporadas en el Inter. Había recibido ofertas del Barcelona y otros equipos reconocidos de la Premier League inglesa, pero finalmente llegó a un acuerdo con el equipo lombardo, con el objetivo declarado de participar en el Mundial de Corea del Sur y Japón de 2002. Se puede encontrar un fuerte componente de antifragilidad en esta decisión: el abrirse a una experiencia nueva y, en cierto modo, "loca", al renunciar a un escaparate europeo de prestigio y jugar para un equipo cuyo objetivo era lograr pasar a la Serie A. A pesar de que el seleccionador Giovanni Trapattoni no lo convocó para el Mundial de Asia, la elección del jugador fue particularmente antifrágil, porque estuvo repleta de todos aquellos aspectos presentes en la definición de evolución competitiva. Las actuaciones y los números de la aventura de Roberto Baggio en el Brescia atestiguan la transformación de un aparente límite en una oportunidad: 46 goles anotados en 101 partidos, con los que llevó a su equipo a disputar los mejores campeonatos de su historia y a poner fin a una de las carreras más extraordinarias y memorables del fútbol italiano de la mejor manera posible.

AGILIDAD EMOCIONAL

Capacidad de decidir si asociarse o disociarse de la emoción dominante que se genera durante un acontecimiento al que se le atribuye significado. Es la capacidad de utilizar de dos formas la emoción vivida para alcanzar la meta: ya sea dejándose involucrar y transformando la experiencia emocional en energía (posición IN), o desprendiéndose de ella y asumiendo una "meta posición" útil para el propósito (posición META). La persona que posee agilidad emocional busca emociones que le den energía o un impulso vital; es un tomador de decisiones activo y consciente del uso de la emoción.

Los individuos con una elevada agilidad emocional son capaces de gestionar sus emociones, viviéndolas plenamente o distanciándose de ellas según la situación y el objetivo que pretenden alcanzar. Una facultad que, por estos motivos, se puede resumir en la frase *"me posiciono"*.

En referencia al comportamiento de los entrenadores, son claros ejemplos de agilidad emocional todas aquellas declaraciones de prensa en las que, tras una derrota o una emocionante victoria, han demostrado permanecer lúcidos y objetivos en el análisis del partido recién disputado (poniéndose en una posición META).

Se puede tomar como ejemplo el caso del técnico de la Juventus, Massimiliano Allegri, en el partido Real Madrid-Juventus de los cuartos de final de la Champions 2017/2018. En aquella ocasión, a pesar de la gran decepción y frustración por la eliminación de su equipo por un penalti concedido a los adversarios en los segundos finales (decisión arbitral que generó mucha polémica), el técnico toscano se mostró muy tranquilo y profesional frente a los micrófonos, desprendiéndose, al menos momentáneamente, de la emoción negativa sentida y mostrando gran objetividad y equilibrio en sus declaraciones.

Al mismo tiempo, hay momentos en los que vivir las emociones al máximo puede representar un valor añadido. Pensemos, por ejemplo, en un entrenador que, completamente inmerso en el juego, utiliza sus sensaciones más viscerales, sus preocupaciones y sus emociones para infundir energía y seguridad a sus jugadores. En este sentido, la diferencia es precisamente la capacidad de oscilar entre las posiciones IN y META durante la preparación semanal de un partido, durante el partido en sí y en todos los momentos fuera del campo.

También se pueden ver ejemplos de agilidad emocional en todos aquellos jugadores que son particularmente esenciales, ordenados y lúcidos mientras viven el juego al máximo desde el punto de vista emocional. Al respecto, se puede citar una entrevista de 2020 a Alessandro Del Piero en la que, sobre el penalti lanzado en la final mundial de 2006 entre Italia y Francia, declaró: "Me vienen mil pensamientos. Miras a tus compañeros y rezas para que marquen gol. Cuando tiran los adversarios, dices: 'Esperemos que fallen… ¡Vamos, Gigi, párala!'. Entonces, te pones ansioso, esperas que el anterior a ti falle, para que te quite la responsabilidad. Ese paseo es devastador; todo está dando vueltas en tu cabeza. El destino de tu equipo pasa a ti. En un momento me dije a mí mismo: '¡Vamos!, ¿cuánta gente lo verá? No se lo tomarán tan mal si fallo un penalti'. Esto me vino a la mente". Las palabras del exjugador de la Juventus describen a la perfección las emociones vividas: desde la ansiedad por sus compañeros y la esperanza de que sus adversarios se equivoquen, pasando por la responsabilidad hacia el equipo y su país, hasta el momento en que, cerca del punto de penalti, restó importancia a la situación, una estrategia que probablemente lo ayudó a alejar los pensamientos más negativos y a ser frío e

impecable en el momento del disparo. Un verdadero ejercicio de equilibrio para considerar a las emociones como las mejores aliadas.

DESTRUCTIVIDAD CONSCIENTE

Capacidad de ir más allá del condicionamiento dado por el conocimiento ("el conocimiento obliga"), eliminando las limitaciones psicológicas que impiden que la persona vea nuevas posibilidades. Por tanto, la persona destructora está conectada con la eliminación de las limitaciones mentales disfuncionales para superar el obstáculo/desafío, mientras que el término consciente indica la capacidad de discernir qué eliminar, manteniendo una conexión completa con uno mismo y con el entorno circundante.

La expresión representativa de la destructividad consciente es *"libre de condicionamientos"*, un concepto que resalta la capacidad del individuo para romper algunas de sus convicciones y eliminar limitaciones mentales, de principios —e incluso culturales—, en función del logro de una meta o la superación de un límite.

Esta es una habilidad que muchos entrenadores han demostrado poseer al tomar decisiones fuertes e impopulares. Tal es el caso de Claudio Ranieri durante un derbi de Roma el 18 de abril de 2020, entre "su" Roma y la Lazio. No satisfecho con su actuación, el técnico de los Giallorossi decidió sustituir a dos jugadores icónicos como Francesco Totti y Daniele De Rossi durante el descanso del partido, que en ese momento veía a los rivales liderando 1-0. Fue un riesgo enorme el asumido por Claudio Ranieri, pero también una elección a partir de la cual es posible ver una buena dosis de antifragilidad, atribuible a una *destrucción* real de la creencia de que la Roma no podría prescindir de sus jugadores más icónicos, y menos que nunca en un derbi ante los grandes rivales de la Lazio. El partido terminó con la victoria por 2-1 de su equipo, gracias a una gran remontada en la segunda parte.

Igualmente asociada con esta dimensión, está la decisión de colocar a un jugador en una posición inusual, en algunos aspectos impensable, o de idear un sistema de juego revolucionario: ciertamente hay detalles de destructividad consciente (así como de la adaptación proactiva) en la elección de José Mourinho de poner a Samuel Eto'o como lateral, en una semifinal de la Champions, así como en las filosofías del "fútbol total" de Josep Guardiola, Marcelo Bielsa y Arrigo Sacchi (junto con la evolución competitiva ya presentada).

De manera similar, un jugador también demuestra ser un destructor consciente en el momento que trastoca algunos dogmas, reglas o convenciones que se dan por sentados. Particularmente representativa es la historia del múltiple campeón mundial brasileño, Edson Arantes do Nascimento, más conocido como Pelé. Al crecer en las favelas del pueblo de Bauru, Pelé comenzó a trabajar como asistente médico con su padre a muy temprana edad, mientras cultivaba una fuerte pasión por el fútbol que descubrió jugando en la calle y aprendía el *ginga*, el paso básico del arte marcial de la Capoeira. Este fue un rasgo distintivo del estilo de juego de Brasil en la década de 1950; sin embargo, se consideró como la causa del fracaso de la selección verde-oro en los Mundiales del 50 y del 54. Esta fue la opinión pública que acompañó el acercamiento de Pelé a su primer Campeonato del Mundo en 1958.

En este torneo, el seleccionador Vicente Feola intentó imponer a sus jugadores, impregnados de los principios del *ginga*, un fútbol europeo más táctico, reconociendo en esta modalidad de juego la única forma de alzarse con el codiciado trofeo, tendencia a

partir de la cual es posible encontrar un primer aspecto de la destructividad consciente. Sin embargo, igualmente destructivos fueron Pelé y sus compañeros, que habiendo llegado a la final ante Suecia decidieron ir más allá de estas restricciones y dictados impuestos por Feola y el nuevo sistema de fútbol brasileño, divirtiéndose, mostrando todas las habilidades acrobáticas del *ginga* y ganando el primer título mundial con un pirotécnico y espectacular 5-2.

También atribuible a esta dimensión es la proposición por parte de algunos jugadores de una variante con respecto a un gesto técnico o atlético específico: pensemos en el tiro libre a "tres dedos" por el que se hizo famoso el futbolista Roberto Carlos, o el llamado *maledetta* de Andrea Pirlo. Hay que destruir para ir más allá y alcanzar el estado deseado, pero siempre siendo conscientes de hacerlo en armonía con uno mismo.

LA ORGANIZACIÓN ANTIFRÁGIL

En los párrafos anteriores hemos visto ejemplos de antifragilidad con respecto a situaciones vividas y decisiones tomadas por entrenadores y jugadores de fútbol. Sin embargo, habiendo llegado casi al final de este capítulo, conviene precisar cómo el presupuesto necesario para ser antifrágiles es que el contexto social, empresarial y profesional en el que nos encontramos sea en sí mismo antifrágil.

De hecho, se ha vuelto imprescindible que las organizaciones, así como los clubes deportivos, sean capaces de adaptarse al continuo cambio y a la fuerte competitividad que caracterizan al escenario actual, aprendiendo a sacar beneficios y oportunidades de crecimiento de esta condición existencial. Sin embargo, es importante que se dirijan hacia la definición de nuevos objetivos y desafíos evolutivos, identificando un método para llevar a cabo sus ideas y proyectos hasta reinventarse conscientemente en su sistema de valores, cuando este sea funcional al logro de una meta deseada.

Así, es posible, por ejemplo, encontrar signos de antifragilidad en la decisión de la Juventus F.C. de cambiar su logo en 2017, con el propósito de adaptarse a la nueva realidad y transmitir un nuevo mensaje para abordar la necesidad de expandir la marca en varios mercados alrededor del mundo. Un ejemplo de evolución competitiva se puede encontrar, del mismo modo, en la visión de futuro del club Juventus, que ya en 1994 empezó a cultivar la idea de construir su propio estadio. Particularmente antifrágil fue el impulso de idear un proyecto que en esos años era sumamente innovador, vanguardista y con un fuerte componente de volatilidad e incertidumbre.

A la luz de lo expuesto en este capítulo, es posible comprender cómo la antifragilidad puede definirse como una posición o estado de ánimo naturalista, potencialmente perteneciente a todos los sistemas y seres vivos, que se activa, sobre todo, ante un obstáculo, un límite o un acontecimiento inesperado. Se trata de una nueva perspectiva que puede ayudar a los clubes de fútbol a crear el esquema ideal para los entrenadores y los jugadores, con el fin de aprender a explotar y no rechazar su vulnerabilidad, y abrirse con curiosidad a la novedad, a lo desconocido.

Así, precisamente investigando lo que aún no se conoce ni se ha experimentado, es que realmente se puede evolucionar: adaptándonos a las exigencias del entorno que nos rodea y encaminándonos hacia múltiples e impensables oportunidades.

AGRADECIMIENTOS

Este libro está dedicado a todos mis maestros: los atletas que conocí.

Si este trabajo ha sido posible se lo debo a muchas personas a las que les doy las gracias de todo corazón y con las que tengo una deuda infranqueable.

En primera instancia, me gustaría agradecer a los deportistas que han contribuido directamente al desarrollo de este método y han demostrado su validez con sus extraordinarias actuaciones. Gracias a Giorgio Rocca, Lucia Recchia, Dindo Capello, Giovanni Bussei, Monica Barbero, Pierandrea Patrucco.

Agradezco a Mauro Berruto, entrenador asistente de la selección italiana de voleibol, por las continuas confrontaciones y un sinfín de elementos de reflexión.

A Roberto Manzoni, consultor de excelencia en esquí alpino y ejemplo de genio en el entrenamiento atlético en el Centro Hastafisio de Asti.

A Gioacchino Kratter, director didáctico del SUISM de Turín, coautor del perfil emocional, por sus siempre brillantes aportaciones a la Psicología del Deporte.

A Umberto Marcaccioli, por haber tenido la idea de crear el Centro de Psicología del Deporte, y al Dr. Antonio Postiglione, por haber creído en él.

A Flavio Roda, director competitivo de la FISI, y Claudio Ravetto, entrenador del equipo masculino de slalom, por los preciosos intercambios sobre los métodos de entrenamiento.

A Gaetano Coppi, presidente de la FISI, sensiblemente atento a las necesidades de los deportistas y al uso de la psicología del máximo rendimiento en un momento tan importante como el de los Juegos Olímpicos de Invierno de Turín 2006.

A mi colega Marco Chisotti, con quien compartí la creación del método AGS y con quien desarrollé la síntesis de los principios constructivistas. Algunas partes de este trabajo son el resultado de años de fructífera e intensa colaboración.

A Cristina Palomba, por su sabia y fundamental asistencia en la redacción de este trabajo.

A la compañera Gladys Bounous, por el importante apoyo en la optimización del método y por la concepción del término *sincronancia*, el camino hacia el máximo rendimiento.

A mi amigo Marco Marchi, *manager* de la Juventus Soccer Schools, quien contribuyó al desarrollo de la Psicología del Deporte aplicada a los equipos y por el importante intercambio de su experiencia en la creación y gestión de las escuelas de fútbol.

A Roberto Gugliermetto, compañero de vuelos pioneros y de experiencias de deportes extremos.

A Luciano Borello, el creador de la estructura en la que se desarrolla mi actividad.

A mi colega Chiara Mazzarino, por su apasionado apoyo a la redacción del texto.

A mis colegas del Centro de Psicología del Deporte, por el apoyo práctico en el trabajo diario y el análisis de datos: Alessandra Giurranna, Alessandro Vicino, Claudia Tirone, Claudia Gambarino, Paolo Dosualdo, Alessandra Giacomazzi.

Al profesor Roberto Marvulli, verdadero mentor de una nueva visión de la psicología. También agradezco a todos los atletas que he seguido a lo largo de los años y que, de diversas formas, me han enseñado algo importante. Algunos de ellos quieren permanecer en el anonimato, otros los recuerdo con gratitud, junto a profesionales del máximo rendimiento aplicado a las cosas de la vida: Paola Sacchettino, Costanza Trussoni, Massimo Prandini, Nadia Summa, Giorgio Pasini, Pierpaolo Peretti, Luca Saccagno, Alessandro De Vita Zublena.

Finalmente, gracias a Daniela y Federico, Piero y Ausilia, por apoyarme durante la redacción de este trabajo.

BIBLIOGRAFÍA

LITERATURA EXTRANJERA

CHIPS A., *Clinical Hypnotherapy: a transpersonal approach,* EIH Publishing, 1999.

COOPER L., ERICKSON M.H., *Time distortion in hypnosis: an experimental and clinical investigation,* Crown House Publishing, Wales, UK, 2002.

EDGETTE J., EDGETTE J.S., A., *The handbook of hypnotic phenomena in psychotherapy,* Brunner/Mazel Publishers, New York, 1995.

EDGETTE J., ROWAN T., *Winning the mind game,* Crown House Publishing, Wales, UK, 2003.

HAVENS R., WALTERS C., A., *Hypnotherapy scripts, a new Ericksonian approach to persuasive healing,* Brunner/Mazel Publishers, New York, 1995.

JACKSON S.A, CSIKZENTMIHALYI M., *Flow in sports. The Keys of optimal experiences and performances,* Human Kinetics, Champaign, Illnois, USA, 1999.

STARCEVICH M.M, STEWELL S.J., *Team work,* Center for management and organization effectiveness, Bartlesville, Oklahoma, 74006 1994)

MC GILL O., *The new enciclopedia of stage hypnotism,* Crown House Publishing, Wales, UK,1996.

MERLEVEDE P., BRIDOUX D.C., *Mastering mentoring and coaching with emotional intelligence,* Crown House Publishing, Wales, UK, 2004.

MILLER G.A., *Psychology: a science of mental life,* Penguin Books, USA, 1992.

MURRAY M., *Beyond the myths and magic of mentoring. How to facilitate an effective mentoring process,* A.Wiley Company, San Francisco, 2001.

RESTAK R., *Mozart's brain and the fighters pilot,* Three Rivers Press, New York, 2001.

ROTELLA B., CULLEN B., *Golf is not a game of perfect,* Pocket Books, 2004.

WAYNE, DYER W., *The power of intention: change the way you look at things and the things you look at will change,* Hay House, Carlsbad, California, 2004.

WILLIAMS P., DAVID D., *Therapist as life coach. Transforming your practice,* W.W. Norton & Company, Londres, 2002.

YAPKO M., *Trancework,* Brunner Routledge, New York, 2003.

PSICOLOGÍA DEL DEPORTE

AIDAN MORAN, *The Psychology of concentration in sport performers,* Hove, 1996.

ANTONELLI F., SALVINI A., *Psicologia dello sport,* Lombardo, Roma, 1987.

BANDLER R., GRINDER J., *Ipnosi e trasformazione,* Astrolabio, Roma, 1983.

BANDURA A. (a cargo de), *Il senso di Autoefficacia. Aspettative su di sé e azione,* Erickson, Trento, 1996.

BANDURA A., *Autoefficacia. Teoria e applicazioni,* Erickson, Trento, 2000.

BATESON G., *Mente e natura,* Adelphi, Milano, 1984.

BATESON G., *Verso un'ecologia della mente,* Adelphi, Milano, 1976.

BERNE E., *Ciao!... E poi?* Bompiani, Milano, 1979.

CAPRA F., *La rete della vita: una nuova visione della natura e della scienza,* Rizzoli, Milano, 1997.

CAPRARA G.V. (a cargo d), *La valutazione dell'autoefficacia. Interventi e contesti culturali,* Erickson, Trento, 2001.

CARBONE F., LUPARELLI D., (a cargo de), *Psicologia e Sport,* La casa Usher, Firenze, 1991.

CASTANEDA C., *A scuola dallo stregone. Una via yaqui alla conoscenza,* Astrolabio, Roma, 1970.

CEI A., *Psicologia dello sport,* Il Mulino, Bologna, 1999.

DESOILLE P.L., *Teoria e pratica del sogno da svegli guidato,* Astrolabio, Roma, 1974.

ERICKSON M.H., ROSEN S. (a cargo de), *La mia voce ti accompagnerà. I racconti didattici di M.H. Erickson,* Astrolabio, Roma, 1983.

ERICKSON M.H., ROSSI E.L., *Ipnoterapia,* Astrolabio, Roma, 1982.

GARFIELD C.A., *Rendere al massimo,* Sperling & Kupfer, Milano, 1986.

GIOVANNINI D., SAVOIA L., *Psicologia dello sport,* Carrocci, Roma, 2002.

GOLEMAN D., *Intelligenza emotiva; che cos'è, perché può renderci felici,* Rizzoli, Milano, 1996.

GRANONE F., *Trattato di Ipnosi,* UTET, Torino, 1989.

HOFFMANN G.H., *Manuale di training autogeno,* Astrolabio, Roma, 1980.

JAMES M., JONGEWARD D., *Nati per vincere,* San Paolo, Milano, 1987.

KEENEY B.P., *L'estetica del cambiamento,* Astrolabio, Roma, 1985.

KOPP R.R., *Le metafore nel colloquio clinico. L'uso delle immagini mentali del cliente,* Erickson, Trento, 1999.

LORIEDO C., *Tecniche dirette e indirette in ipnosi e psicoterapia,* Franco Angeli, Milano, 1995.

MATURANA H., VARELA F., *L'Albero della conoscenza,* Garzanti, Milano, 1987.

MATURANA H., VARELA F., *Macchine ed esseri viventi,* Astrolabio, Roma, 1992.

MORIN E., *La méthode I. La natura della natura,* Feltrinelli, Milano, 1985.

MORIN E., *La methode II. La vita della vita,* Feltrinelli, Milano, 1987.

MORIN E., *La methode III. La conoscenza della conoscenza,* Feltrinelli, Milano, 1989.

PRUNELLI V., CALZETTI M.T., *Psicologia dello sport in 400 domande e risposte,* Psicologia, Roma, 1998.

Quaderni dello sport. Il TA nella preparazione psicosomatica degli atleti, CONI, Roma, 1971.

MARTENS R., *Manuale della psicologia dello sport,* Borla, Roma, 1991.

ROSSI E.L., *La psicobiologia della guarigione psicofisica,* Astrolabio, Roma, 1987.

ROSSI E.L., NIMMONS D., *Autoregolazione del sistema mente-corpo. I ritmi ultradiani e le pause di 20 minuti,* Astrolabio, Roma, 1993.

SPINELLI D. (a cargo de), *Psicologia dello sport e del movimento umano,* Zanichelli, Bologna, 2002.

TAMORRI S., *Neuroscienze e sport,* UTET, Torino, 1999.

TAMORRI S., *Psicologia dello sport, processi mentali dell'atleta,* UTET, Torino, 1999.

VERCELLI G., *Quaderni di psicologia del lavoro,* E.di. SU, Torino, 2005.

VERCELLI G., BOUNOUS G., *Ghiande dello stesso ramo. Trentatré induzioni ipnotiche per l'attivazione delle risorse dell'inconscio,* Cortina, Torino, 2004.

VERCELLI G., MARACCIOLI U., GIROLDINI W., *Valutazione dell'efficacia di un comando/segnale post-ipnotico mediante monitoraggio EEG,* «Rivista Italiana *di Ipnosi e Psicoterapia Ipnotica»*, 2003, pp. 23-29, anno 23, vol. I.

VON GLASERSFELD E., *Il costruttivismo radicale. Una via per conoscere ed apprendere,* Società Stampa Sportiva, Roma, 1998.

WATZLAWICK P., *Change. La formazione e la soluzione dei problemi,* Astrolabio, Roma, 1974.

WILHELM R., *I ching. Il libro dei mutamenti,* Adelphi, Milano, 1991.

PSICOLOGÍA DEL TRABAJO

LEVATI W., SARAÒ., *Il modello delle competenze: un contributo originale per la definizione di un nuovo approccio all'individuo e all'organizzazione nella gestione e nello sviluppo delle risorse umane,* Franco Angeli, Milano, 1998.

MARVULLI R., *Concetti e colori: una ricerca in ambito psicometrico,* Guerini, Milano, 2000.

MARVULLI R., *L'analisi statistica areale del contenuto sui quotidiani,* Franco Angeli, Milano, 2003.

NARDONE G., MARIOTTI R., MILANESE R., FIORENZA A., *La terapia dell'azienda malata,* Ponte alle Grazie, Milano, 2003.

PICCARDO C., *Empowerment,* Raffaello Cortina, Milano, 1995.

STARCEVICH M.M., STOWELL S.J., *Teamwork,* CMOE, Bartlesville, Oklahoma, USA, 1995.

VERCELLI G., BOUNOUS G., *Manuale di Psicologia dello Sport,* SUISM, Centro Stampa, Torino, 2003.

ZANARDI A., *Il coaching automotivazionale,* Franco Angeli, Milano, 2000.

CONSTRUCTIVISMO

FOERSTER H. VON, *Costruire una realtà. Tr. it.:* WATZLAWICK P. (a cargo de), *La realtà inventata,* Feltrinelli, Milano, 1988.

FOERSTER H. VON, *Note su un'epistemologia delle cose viventi,* en *Sistemi che osservano,* Astrolabio, Roma, 1987.

GLASERSFELD E. VON, *Introduzione al costruttivismo radicale,* Feltrinelli, Milano, 1988.

MORIN E., *Le vie della complessità,* en BLOCCHI G., CERUTI M., (a cargo de), *La sfida della complessità,* Feltrinelli, Milano, 1995.

MORIN E., *Introduzione al pensiero complesso,* Sperling & Kupfer, Milano, 1993.

PIAGET J., *La costruzione del reale nel bambino,* La nuova Italia, Firenze, 1973.

SOBRE EL AUTOR

Giuseppe Vercelli, psicólogo y psicoterapeuta, profesor de Psicología del Deporte y del Rendimiento Humano en la Universidad de Turín.

Junto con su equipo concibió y desarrolló el Modelo S.F.E.R.A. para el análisis y optimización del rendimiento. Dirige el Centro de Psicología del Deporte y el Rendimiento Humano de la ISEF en Turín.

Jefe del Área Psicológica de la Juventus F.C. desde 2011 y psicólogo en J-Medical.

Participó en los Juegos Olímpicos de Turín, Beijing, Vancouver, Londres y Peyongchang como psicólogo oficial del CONI.

SOBRE EL TRADUCTOR

Alessandro Mariani, es coach certificado S.F.E.R.A. y colaborador de Giuseppe Vercelli. Nació en Milán y se dedicó al baloncesto competitivo durante más de 15 años, tanto como jugador como entrenador. Graduado en Arquitectura en la Politécnica de Milán, se mudó luego a España, a Granada, donde dio rienda suelta a su alma emprendedora iniciando diversas actividades. Apasionado por el deporte y la evolución personal, encontró su misión en el coaching y el desarrollo del potencial humano.